＼書きこむだけ！／

そのまま使える

志望理由書・
面接ノート

総合型選抜

JN052272

Gakken

● は じ め に ●

　2021年度の入試では総合型選抜と学校推薦型選抜による大学入学者が過半数を超えたこともあり、推薦入試に注目が集まっています。

　とはいえ、総合型選抜や学校推薦型選抜がどのような入試制度なのかということをしっかりと理解できている人は、少ないのではないでしょうか。

　総合型選抜や学校推薦型選抜では、従来の学科試験のように科目の学力だけが問われるのではなく、それをもとに考える力や主体的に学修に取り組む姿勢などを総合的に評価するため、様々な要素が関係してきます。

　自分にとって納得のいく書類を作成するためには、自分自身の過去の経験を振り返るだけでなく、社会課題や大学、職業に関するリサーチも必要不可欠です。

　私たち、総合型選抜専門塾 AOI は、多くの受験生の指導を通じ、試行錯誤を経て、「どんな人でも自分の考えを自分の言葉で表現し、説得力のある志望理由書を仕上げることができる」というノウハウを蓄積してきました。

本書は、そのノウハウをもとに、志望理由書を書くイメージが全く
わかない人や、ある程度イメージはわくものの具体的な書き方がわか
らないという人に向けて作られました。

　少しずつステップを踏んで書き込み式のワークシートを埋めていくこと
で、あなたの考えが整理され、志望理由書の完成度を高めることが
できます。

　最後まで仕上げれば、そのまま本番で使える志望理由書を完成させ
られるだけでなく、それをもとにさらに考えを深められるような内容に
なっていますので、ぜひご活用ください。

　本書を通じて、皆さんがより自信を持って総合型選抜や学校推薦型
選抜に臨み、自分自身の将来に繋がる大学進学を実現できることを
願っています。

総合型選抜専門塾 AOI

福井 悠紀

本書の使い方

本書は全3章で構成されています。

第1章 志望理由書を書く前に

この章では、志望理由書を書き始める前の準備を行います。

重要ポイントを
まとめています。

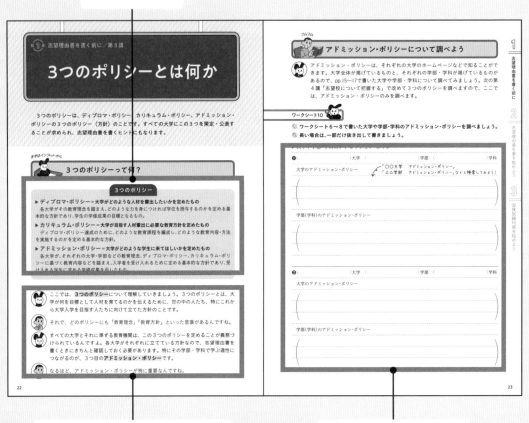

会話形式で必要な情報をインプット。
特に重要な部分には、マーカーを引
いています。

ワークシートに書き込んで
アウトプット。

第2章 志望理由書を書き始めよう

この章では、実際に手を動かして志望理由書を書き進めていきます。

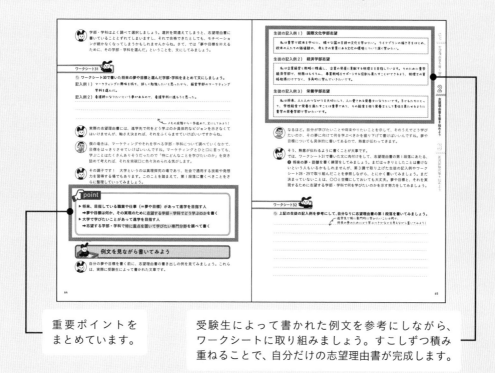

重要ポイントを
まとめています。

受験生によって書かれた例文を参考にしながら、
ワークシートに取り組みましょう。すこしずつ積み
重ねることで、自分だけの志望理由書が完成します。

第3章 面接試験対策を始めよう

この章では、面接試験やプレゼンテーション、グループディスカッションの対策を行います。

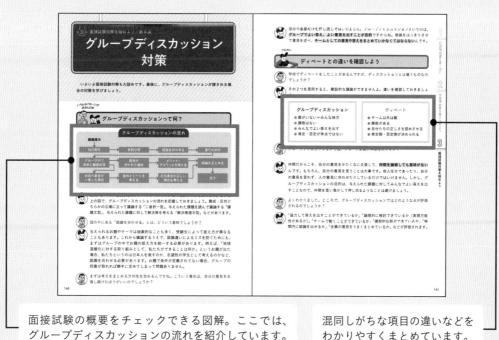

面接試験の概要をチェックできる図解。ここでは、
グループディスカッションの流れを紹介しています。

混同しがちな項目の違いなどを
わかりやすくまとめています。

contents

第1章 志望理由書を書く前に

第2章 志望理由書を書き始めよう

第3章　面接試験対策を始めよう

第 **1** 章

志望理由書を
書く前に

手を動かして志望理由書を書き始める前に、

まずは志望する大学や学部・学科を見定めましょう。

つづいて、志望理由書がどのような書類か、

どんなことを書くことが求められているかを学びます。

3つのポリシーや入試制度についての理解を深めたり、

オープンキャンパスへ参加したりすることで、

すこしずつ準備を進めていきます。

大学進学の意味を考える

推薦入試の受験に欠かせない志望理由書ですが、それを書く前に志望校や志望する学部・学科を決める必要があります。まずは大学へ行って何を学びたいのか、考えてみましょう。

学部・学科について調べよう

 大学入試には、大きく分けると「一般選抜」「総合型選抜」「学校推薦型選抜」の3種類があります。この本では、一般選抜以外の入試、いわゆる推薦入試と呼ばれる入試制度を利用して進学を考えている人に向けて、どのように準備を進めていけばよいかを説明していきます。

 よろしくお願いします。僕は推薦入試での進学を希望しているのですが、まず何から対策を始めればいいのか、よくわかっていません。実は、行きたい大学すら決まっていない状態で……。

 大丈夫。「志望校が決まっていないけど、推薦入試を利用したい」という人は、意外と多いんです。これから志望校を決める人は、自分が**どの学部・学科で、何に重点をおいて学びたいのか**を見つけることから始めましょう。そのためには、**大学にどのような学部・学科があるのか**を自分で調べることが大切です。

 まずは学部・学科の情報を集めてから、行きたい大学を選ぶんですね。ということは、いろいろな大学を調べたほうがいいんですか？

 当たり前のことですが、大学では、高校よりも専門的な内容に特化して学びます。多種多様な学部・学科があるので、複数の大学を調べてみることで、自分が何を勉強したいかが見えてくることもあるはずです。
行きたい大学や学部がすでに決まっているという人でも、新しく学びたいことが見つかったり、学びたいことの幅が広がったりする場合もあるので、あらためて学部・学科について調べてみることをオススメします。

 どんな学部・学科があるのかもよくわかっていないんですが、具体的にはどうやって調べればいいんでしょうか？

では、一般的な学部からチェックしてみましょう。主要な学部を「文系学部」「理系学部」「"文理"で分けられない学部」の3つに分けたワークシートを用意しました。

ワークシート1

✎ 関心を持った学部名にチェックを入れましょう。

✎ チェックを入れた学部にどのような学科があるのかを調べて書きこみましょう。

記入例） ☑文学部 （学科名：**哲学科**）

▶ **主要文系学部**

インターネットなどで調べよう！

□文学部 （学科名：　　　　　　　　） 　□外国語学部 （学科名：　　　　　　　　）

□法学部 （学科名：　　　　　　　　） 　□政治学部 （学科名：　　　　　　　　）

□経済学部 　　　　□経営学部 　□商学部 （学科名：　　　　　　　　）

□社会学部(学科名：　　　　　　　　) 　□国際関係学部(学科名：　　　　　　　　)

□教育学部(学科名：　　　　　　　　) 　□心理学部(学科名：　　　　　　　　)

▶ **主要理系学部**

□理学部 （学科名：　　　　　　　　） 　□工学部 （学科名：　　　　　　　　）

□農学部 （学科名：　　　　　　　　） 　□栄養学部(学科名：　　　　　　　　)

□畜産学部(学科名：　　　　　　　　) 　□水産学部(学科名：　　　　　　　　)

□医学部 （学科名：　　　　　　　　） 　□看護学部(学科名：　　　　　　　　)

□データサイエンス学部(学科名：　　　　　　　　)

□看護師以外の医療従事者養成系の学部 　（　　　　　　　）学部 　（学科名：　　　　　　　　）

▶ **単純な"文理"で分けられない学部**

▷ **体育・健康科学部系統**

□体育・健康科学部(学科名：　　　　　　　　) 　□スポーツ科学部(学科名：　　　　　　　　)

▷ **芸術学部系統**

□美術学部 　□デザイン学部 　□工芸学部 　□音楽学部 　□演劇学部(学科名：　　　　　　　　)

▶ **上記のリストにない学部** 　リストにない学部でも興味があるものは書きこんでみよう！

□（　　　　　　　）学部 （学科名：　　　　　　　　）

□（　　　　　　　）学部 （学科名：　　　　　　　　）

学部名を見ると、何を勉強する学部なのか、なんとなくイメージできますね。

 そうですね、主要な学部はイメージしやすいと思います。
では次に、知っている大学や先輩が通っている大学のホームページなどから、その大学にどんな学部・学科があるのかを調べるワークシートに取り組みましょう。自分の進路と方向性が異なるところまで網羅する必要はありませんよ。

ワークシート2

📝 いろいろな大学のホームページを見て、どのような学部・学科があるのかを調べて書きこみましょう。

記入例）

（早稲田）大学

（政治経済）学部　　学科:（政治学科　経済学科　国際政治経済学科　　　　　）

（　法　）学部　　学科:（　　　　　　　　　　　　　　　　　　　　　）

（　教育　）学部　　学科:（教育学科　国語国文学科　英語英文学科　複合文化学科）

（文化構想）学部　　学科:（文化構想学科　　　　　　　　　　　　　　　　）

▶ 調べた大学と学部・学科

　　　　　　　　　　　　　　　　行ってみたい大学、名前を聞いたことがある大学など、
　　　　　　　　　　　　　　　　いろいろ調べてみよう！

（　　　　　）大学

（　　　　）学部　　学科:（　　　　　）／（　　　　）学部　　学科:（　　　　　）

（　　　　）学部　　学科:（　　　　　）／（　　　　）学部　　学科:（　　　　　）

（　　　　）学部　　学科:（　　　　　）／（　　　　）学部　　学科:（　　　　　）

（　　　　　）大学

（　　　　）学部　　学科:（　　　　　）／（　　　　）学部　　学科:（　　　　　）

（　　　　）学部　　学科:（　　　　　）／（　　　　）学部　　学科:（　　　　　）

（　　　　）学部　　学科:（　　　　　）／（　　　　）学部　　学科:（　　　　　）

（　　　　　）大学

（　　　　）学部　　学科:（　　　　　）／（　　　　）学部　　学科:（　　　　　）

（　　　　）学部　　学科:（　　　　　）／（　　　　）学部　　学科:（　　　　　）

（　　　　）学部　　学科:（　　　　　）／（　　　　）学部　　学科:（　　　　　）

 大学によって、学部の数や種類が違うんですね。例にある早稲田大学の文化構想学部などは、名前を見ただけでは何を勉強するのか、よくわかりませんでした。

 少しでも興味をひかれた学部はチェックしておいてください。自分が何を学びたいかを知るためには、**どのような学問があるのかを知る**ことが大切だからです。ここまで調べた学部・学科の中で、気になったものを書き出しましょう。

✎ **関心がある学部・学科や、もっと調べてみたいと思った学部・学科を書きましょう。**

▶ 関心がある学部・学科　　　　　　　　　　大学の名前は一度忘れて、学部・学科だけ書き出そう！

（　　　　　）学部	学科:（　　　　）	学科:（　　　　）	学科:（　　　　）
（　　　　　）学部	学科:（　　　　）	学科:（　　　　）	学科:（　　　　）
（　　　　　）学部	学科:（　　　　）	学科:（　　　　）	学科:（　　　　）
（　　　　　）学部	学科:（　　　　）	学科:（　　　　）	学科:（　　　　）

まずは情報収集

どんな授業があるかを知ろう

 自分が学びたいと思えるような学部・学科が少しずつ見えてきたでしょうか？
つづいて、大学での授業について紹介します。大学ではどのような授業が行われているか、知っていますか？

 ドラマやマンガを見て「高校とはちょっと違う雰囲気だな」というくらいのイメージは持っていますが、詳しいことは全然わからないです。

 では、大学の授業について簡単にチェックしてみましょう。これを知っていると、大学に入ったあとのことがイメージしやすくなりますよ。

大学の授業例

主な授業の形式

講義科目…数十～数百名を対象に、教員から学生へ説明を行い、学生は必要に応じてノートをとる形の、**一方向的な授業**（＝lecture）。高校の授業に似た形式。

演習科目…数名から20名程度の学生を対象に、**双方向的に行われる授業**。いわゆるゼミ。学生が主体となって研究テーマを決め、ディスカッションなどによって専門的な知識を深める形式。

各学年での一般的な授業の組み合わせ（カリキュラム例）

1・2年次…語学科目・情報科目・一般教養（教育）科目・専門科目（必修科目）
3・4年次…専門科目（必修科目・選択科目）・演習科目・実験科目

| 4年次 | 文系：専門ゼミ ➡ 卒業論文・卒業研究 | 理系：研究室 ➡ 卒業研究 |
| ゼミ | 文系1・2年次：教養ゼミ＋PBL※型ゼミ | 理系1・2年次：実験・実習基礎 など |

※PBL（Project Based Learning）とは「問題解決型学習」のこと。

 高校では授業の選択は選択科目くらいだったと思いますが、大学ではどのような組み合わせでどの授業を受けるかを、ほとんど自分で選択して勉強します。

どうやって自分で選ぶんですか？

 大学には、それぞれの講義の内容や授業計画を詳しくまとめた「履修シラバス」という授業計画書があるので、それを見て選択していきます。ウェブページで入学前から見ることができる大学や、オープンキャンパスで受験生に配布している大学も多いので、気になる学部・学科のシラバスを見て、どんな授業が受けられるかを調べてみましょう。

ワークシート4

✎ **「○○大学　△△学部　シラバス」**のようなワードでネット検索しましょう。

✎ **授業名と授業内容**を調べて書きこみましょう。

▶ 気になる学部・学科の授業内容

（　　　　　　　　　　　　　）大学　（　　　　　　　　　　）学部　（　　　　　　　　　　）学科

授業名:（　　　　　　　　　　　　　　　　　　　　）

授業内容:（
　　）

参考にした資料:（　　　　　　　　　　　　　　　　　　　　　　　　　　　　　　　　）

　　　　参考にしたホームページや資料をメモしておくと、後から振り返るときに便利。

（　　　　　　　　　　　　　）大学　（　　　　　　　　　　）学部　（　　　　　　　　　　）学科

授業名:（　　　　　　　　　　　　　　　　　　　　）

授業内容:（
　　）

参考にした資料:（　　　　　　　　　　　　　　　　　　　　　　　　　　　　　　　　）

*大学卒業後のことも
考えよう*

学部・学科と仕事を関連づけよう

 ここまで調べて、自分が行きたい学部・学科の方向性が絞られた人や、新しく学びたいことが見つかった人もいるかもしれませんね。

また、**将来目指している仕事**がある人は、必要な知識や技術を習得するために大学で何を学ぶかを考える必要があります。

 「学校の先生や医者、税理士などを目指すなら免許や資格が必要だから、取得のためにはこの科目を勉強する必要がある」というように、やりたいことから逆算して考えるということですね。

その通り。では今度は、自分がどのようなことに興味があるのか、自分が将来やってみたいことや自分に向いていることは何かを考えて、それを学部・学科と関連づけてみましょう。今の時点での自分の考えと向き合うことが大切です。

ワークシート5

◎ 将来やりたい仕事がある場合は左の欄に書き出し、そのためにどの学部・学科で学べばよいかを調べ、右の欄に書きましょう。

◎ 学びたい学部・学科がある場合は右の欄に書き出し、そこで学ぶとどのような仕事に就けるかを調べ、左の欄に書きましょう。

▶ 仕事と学部・学科の関連づけ

仕事と学部・学科を対応させよう。表は左右どちらから埋めてもOK！

仕事	学部・学科
記入例）保育士 ⟷	記入例）幼児教育学科、保育科
⟷	
⟷	
⟷	

ナルホド

学部・学科で学べることを調べよう

仕事と関連づけて考えたことで、学部・学科の方向性がさらに絞られてきたんじゃないでしょうか。p.13のワークシート3に書いた「気になる学部・学科」が変化した人もいるかもしれませんね。

はい、少し考えが変わりました。

自分の頭の中で考えているだけでは、わからないことが多いですからね。それでは、今の時点で関心を持っている学部・学科を3つに絞って書き出してみましょう。

ワークシート6

◎ 今の段階で関心を持っている学部・学科を3つに絞り、関心の高い順に書き出しましょう。

▶ 関心を持っている学部・学科

❶（　　　　　　　　　　）学部　（　　　　　　　　　　　　）学科

❷（　　　　　　　　　　）学部　（　　　　　　　　　　　　）学科

❸（　　　　　　　　　　）学部　（　　　　　　　　　　　　）学科

次に、その3つの学部・学科について、次のワークシート7でもう少し掘り下げて調べていきます。

ワークシート7

📝 ワークシート6で書き出した3つの学部・学科で、それぞれどのような勉強ができるのかを調べて書き出しましょう。

記入例）

（**経営**）学部　（**経営**）学科

学べること：
企業・会社経営に関するすべての物事を対象に、企業や組織、それに携わる人々がどうしたら良くなるかを考える学問。　→　社員の満足度を上げるには？　何を誰のためにどうやって売る？　顧客満足度を上げるには？

▶ 関心を持っている学部・学科で学べること

❶（　　　　　　　　　　）学部　（　　　　　　　　　　）学科

学べること：（　　　　　　　　　　　　　　　　　　　　　　　　　　　　　　　）

調べた大学：（　　　　　　　　　　）大学

参考にした資料：（　　　　　　　　　　　　　　　　　　　　　　　　　　）

❷（　　　　　　　　　　）学部　（　　　　　　　　　　）学科

学べること：（　　　　　　　　　　　　　　　　　　　　　　　　　　　　　　　）

調べた大学：（　　　　　　　　　　）大学

参考にした資料：（　　　　　　　　　　　　　　　　　　　　　　　　　　）

❸（　　　　　　　　　　）学部　（　　　　　　　　　　）学科

学べること：（　　　　　　　　　　　　　　　　　　　　　　　　　　　　　　　）

調べた大学：（　　　　　　　　　　）大学

参考にした資料：（　　　　　　　　　　　　　　　　　　　　　　　　　　）

調べた大学や参考にした資料の情報も
メモしておこう！

最後に、関心を持っていることを学べる大学をいくつか調べてみましょう。現実的に自分の選択肢になりえる大学を、志望校の候補として挙げてみてください。

ワークシート8

✎ **ワークシート6で書き出した3つの学部・学科がある大学を調べて、書き出しましょう。**

▶ 関心を持っていることを学べる大学

❶ ( )大学／( )大学／( )大学

❷ ( )大学／( )大学／( )大学

❸ ( )大学／( )大学／( )大学

↖ 同じ学部・学科名でなくても、同様のことが学べそうであれば、候補として書いておこう！

 こうして自分で手を動かして書いていくと、考えが整理されてきた気がします。「まずは大学を決めないと」と思っていたのですが、自分が何に興味があって何を勉強したいかに向き合わなければ、行きたい大学も決まらないですね。

 深く考えずに大学を決めてしまっては、たとえ入学できたとしても、学ぶ意欲が続かなくなってしまうかもしれませんからね。
次の第2講では志望理由書について説明していきますが、志望理由書を書くうえでも、自分の興味や関心が重要になってきますよ。

👉 **point**

> ▶ 志望校を選ぶうえで重要なことは、どの学部・学科で何を学ぶか。
> ▶ いろいろな学部・学科を調べて、自分が何を勉強したいかよく考えてみる。
> ▶ 知らない学部・学科についても、興味を持ったら詳しく調べてみる。
> ▶ 将来目指している仕事と関連づけて考える。
> ▶ 情報収集は積極的に行う。

志望理由書とは
どのような文章か

志望理由書は、ほとんどの推薦入試で提出が求められる書類の一つです。志望理由書の重要度は高く、その内容が合否を左右すると言っても過言ではありません。

志望理由書って
何だろう？

志望理由書に正解はあるの？

志望理由書の構成例

❶ 将来の夢・目標
進学先で学びたいことや将来目指している仕事があればそれを示し、その実現のために大学で学ぶ必要があることを示す。

❷ きっかけ
❶で示した内容について、目指したい、取り組みたいと考えるようになったきっかけ、志望する分野や取り組みたいことの魅力や意義について説明する。

❸ 課題分析・解決手段
❶に関連して、自分が目指している理想像や、実現したいこと、さらに理想を目指すうえで取り組むべき課題や克服すべき問題について書く。そのうえで、そうした課題や問題に立ち向かうためにも進学先でどう学ぶのかを書く。

❹ キャリア
❶で書いたことを実現するためにどのようなキャリアプランを立てているのかを示す。

❺ 大学での学び
志望する大学を選んだ理由を3つのポリシーやカリキュラム、学修計画などを踏まえて書く。

さて、これから志望理由書について説明していきます。
最初に確認しておきますが、志望理由書の書き方に正解はありません。文字数は400字～800字程度が一般的ですが、大学によっては2000字というところもあります。そのため、「この構成しかない！」と断言できないのです。
ただ、多くの大学では、**上の構成例のような❶～❺の要素を押さえた志望理由書が求められています**。ですから、志望理由書の典型例として、この順番で書く準備を進めるとよいでしょう。

どんな書き出しにして、どうまとめればいいのか、かなり不安に感じていました。書くべき要素を順番に一つずつ考えていけば、うまくまとまった文章が書けそうな気がします。

志望理由書の例を読んでみよう

「大学が知りたいこと」を伝えよう

 志望理由書を書く前に意識してほしいのは、**読む人が何を知りたいか**ということです。大学の先生は受験生の何を知りたいのか、わかりますか？

 入試用の提出書類ですから、「大学で何を学びたいのか」「何を目指して大学に入るのか」みたいなことでしょうか。

 そうそう、受験生が取り組みたい、勉強したいと考えていることが、その大学で本当に実現できるのか、大学が掲げる「こういう人に勉強してほしい」「こういう人材を育てたい」という目標や理想と受験生が合っているかを確認する手段の一つが、志望理由書なんです。

 左ページの「志望理由書の構成例」は、「大学が知りたいこと」の基準を満たす内容になっているわけですね。

 その通りです。また、志望理由書を準備していくにあたって、重点を置いてほしいことの一つが、「志望理由書の構成例」の❺の説明に出てくる**学修計画**です。p.13の「大学の授業例」で少し触れましたが、大学にはカリキュラムというものがあります。そのカリキュラムにのっとって、どのように大学で勉強するのか方向性を示すのが学修計画です。

 学修計画も「大学が知りたいこと」の一つなんでしょうか？

 もちろんです。志望理由書では、限られた文字数の中で、自分の関心や適性を大学側に判断してもらわなければいけないわけですから。様々な講義や演習、実験科目の中で、**特に学びたいことは何か、必ず習得したい専門性は何かをしっかり示す**ということを意識しましょう。

 肝に銘じます。それから「志望理由書の構成例」の❺に出てくる「3つのポリシー」という言葉がよくわからないのですが……。

 3つのポリシーについては次の第3講で詳しく説明しますから、安心してください。ここでは、志望理由書がどのような文章なのか、字数ごとに例文を見て、イメージをつかんでみましょう。学修計画についてどのように触れているかも確認してくださいね。次ページの例文を読んだら、ワークシートに取り組んでください。

生徒の記入例１） 200字レベル：帝京大学

　私は将来、在住外国人が暮らしやすい社会をサポートする仕事に就きたい。現在在住外国人27万人のうち24％が、書類の理解不足により、本来受けられる生活支援や給付制度を受けられていないことを知った。そこで、貴学特有の国際交流アシスタント制度や貴学部の通訳論の講義で高度な英語技術を学び、将来在住外国人の要求を明確に理解し、最善のサポートを模索できる力を身につけたいと考えた。よって、貴学を志望する。(194字)

生徒の記入例２） 400字レベル：関西大学　経済学部

▶ ❷ きっかけ

　私が貴学の経済学部を志望した理由は全国の旅館を減少から守りたい、という夢をかなえるために必要な学びができる環境が整っていると感じたからだ。私がこの夢を持ったのは、幼いころから両親に何度も旅館に連れて行ってもらう中で、旅館のおもてなしや温泉という文化を好きになったからだ。(135字)

▶ ❸ 解決手段

　全国の旅館を守るためには、それぞれの旅館が地域と協力し、その地域ごとの魅力を主軸に宣伝することで、地域と旅館を同時に盛り上げる必要がある。旅館は歴史が深く、地域に根差した経営方法をとっている場所が多いため地域活性化を行うことが、旅館を盛り上げることに適した手段と考えた。(137字)

▶ ❺ 大学での学び

　貴学には地域の経済や観光について研究している教授が多く在籍されているため、地域についての研究を深めるには適している。以上のことから、私は貴学の経済学部に入学し地域経済論の履修や榊原ゼミへの参加を通して、地域経済についての研究を深めることを強く希望する。(126字)

生徒の記入例３） 800〜1000字レベル：立命館アジア太平洋大学　太平洋学部

▶ ❷ きっかけ

　『スポーツと人々の生活の距離を縮め、次世代の豊かなスポーツライフを支えたい。』これは、サッカーが生活の一部にある日々を送る中で抱き続けてきた私の思いだ。私は小学生の時からサッカーを始め、どこへ行くにもサッカーボール片手に友達を作ってきた。初めての海外渡航先であるロシアでは、『スポーツは人と人をつなげる』をまさに体感し、スポーツの持つ力に魅了されてきた。しかし現実は厳しく、中学進学時にサッカーを続ける場がないという苦境に立たされた。私の進学先のサッカー部は女子の入部を受け入れてくれず、片道一時間かかる民間クラブチームに通わざるをえなかった。私と同様、活動の場に悩みを持つ選手の助けになりたいと考え、高校三年間、学生ボランティアとして神戸市サッカー協会主催の小学生女子選手育成活動に携わってきた。(349字)

▶ ❸ 課題分析

> 　継続的にサッカーを行い、小学生のサポートをしてきたことで、スポーツ環境の在り方について二つの課題意識を持つようになった。一つ目は、スポーツをする場の偏りだ。小学生の間は、地域のスポーツ団が多く存在しているが、中学生になると部活動の枠に囚われ、活動の場が極端に減る。格差社会が広がる今、活動の場が近くにないことが原因で、子どもがスポーツを続けることによる金銭的・人的負担が重荷となる家庭が増え、活動継続を諦めるケースを多く見てきた。二つ目は、一つの種目に早期から集中して取り組ませる指導志向の在り方だ。長期のオーバートレーニングにより、腰の疲労骨折やひざのオスグッド病を患い、こころまで病んでしまう選手が多くいた。個々の発育発達段階に応じた指導の必要性を痛感すると共に、長い人生において現役選手として活躍できる期間は短いゆえ、引退後のセカンドキャリアをどう豊かに生きていくかについても考えつづけてきた。
> （400字）

▶ ❸ 解決手段

> 　これらの問題の背景には、スポーツと人々の生活との結びつきが弱く、スポーツの文化的価値が社会に浸透していないことが根底にあるのではないか。環境・スポーツ教育を見直すと同時に、スポーツ文化を広めていくことで、スポーツ活動の場の偏りを減らし、スポーツを楽しむ機会の多い社会に近づけるはずだ。…（略）（142字）

ワークシート9

◎ 200字レベルの例と、400字・800〜1000字レベルの例を比べてみましょう。

◎ どんな違いがあるか、考えたことを書いてみましょう。

「きっかけ」の詳しさなどに注目してみよう！

3つのポリシーとは何か

　3つのポリシーは、ディプロマ・ポリシー、カリキュラム・ポリシー、アドミッション・ポリシーの3つのポリシー（方針）のことです。すべての大学にこの3つを策定・公表することが求められ、志望理由書を書くヒントにもなります。

まずはインプットから

 ## 3つのポリシーって何？

3つのポリシー

▶ **ディプロマ・ポリシー＝大学がどのような人材を輩出したいかを定めたもの**
　各大学がその教育理念を踏まえ、どのような力を身につければ学位を授与するのかを定める基本的な方針であり、学生の学修成果の目標となるもの。

▶ **カリキュラム・ポリシー＝大学が目指す人材輩出に必要な教育方針を定めたもの**
　ディプロマ・ポリシー達成のために、どのような教育課程を編成し、どのような教育内容・方法を実施するのかを定める基本的な方針。

▶ **アドミッション・ポリシー＝大学がどのような学生に来てほしいかを定めたもの**
　各大学が、それぞれの大学・学部などの教育理念、ディプロマ・ポリシー、カリキュラム・ポリシーに基づく教育内容などを踏まえ、入学者を受け入れるために定める基本的な方針であり、受け入れる学生に求める学修成果を示したもの。

 ここでは、**3つのポリシー**について理解していきましょう。3つのポリシーとは、大学が何を目標として人材を育てるのかを伝えるために、世の中の人たち、特にこれから大学入学を目指す人たちに向けて立てた方針のことです。

 それで、どのポリシーにも「教育理念」「教育方針」といった言葉があるんですね。

 すべての大学とそれに準ずる教育機関は、この3つのポリシーを定めることが義務づけられているんですよ。各大学がそれぞれに立てている方針なので、志望理由書を書くときにきちんと確認しておく必要があります。特にその学部・学科で学ぶ適性につながるのが、3つ目の**アドミッション・ポリシー**です。

 なるほど、アドミッション・ポリシーが特に重要なんですね。

コラム

アドミッション・ポリシーについて調べよう

 アドミッション・ポリシーは、それぞれの大学のホームページなどで知ることができます。大学全体が掲げているものと、それぞれの学部・学科が掲げているものがあるので、pp.15～17で書いた大学や学部・学科について調べてみましょう。次の第4講「志望校について把握する」で改めて3つのポリシーを調べますので、ここでは、アドミッション・ポリシーのみを調べます。

ワークシート10

🖉 ワークシート6～8で書いた大学や学部・学科のアドミッション・ポリシーを調べましょう。

🖉 長い場合は、一部だけ抜き出して書きましょう。

▶ 大学や学部・学科のアドミッション・ポリシー

❶(）大学 （ ）学部 （ ）学科

大学のアドミッション・ポリシー

「○○大学 アドミッション・ポリシー」
「△△学部 アドミッション・ポリシー」などと検索してみよう!

学部(学科)のアドミッション・ポリシー

❷(）大学 （ ）学部 （ ）学科

大学のアドミッション・ポリシー

学部(学科)のアドミッション・ポリシー

では、例として学習院大学のアドミッション・ポリシーを一緒に見てみましょう。

学習院大学のアドミッション・ポリシー

▶ 大学のアドミッション・ポリシー

　学習院大学では、卒業認定・学位授与の方針(ディプロマ・ポリシー)及び教育課程編成・実施の方針(カリキュラム・ポリシー)に定める教育を受けるために必要な、各学部・学科及び研究科・専攻で掲げる知識・能力や目的意識・意欲を備えた学生を、各種選抜試験を通じて受け入れます。

▶ 法学部・法学科のアドミッション・ポリシー

　法学科では、次に掲げる知識・能力や目的意識・意欲を備えた学生を、各種選抜試験を通じて受け入れます。

(知識・技能)
1. 幅広い教養と専門知識を修得するための基盤となるよう、高等学校卒業相当の学力を有している。
2. 自分の考えを伝え、他者の考えを理解するための前提として、高等学校卒業相当の国語及び外国語等の知識を備えている。
3. 深い洞察力と論理的思考力を養うために、高等学校卒業相当の数学・地理歴史・公民等の知識を備えている。

(思考・判断・表現)
4. 物事を多面的に分析した上で、様々な意見を理解し、自らの考えにつき積極的に表現することができる。

(関心・意欲・態度)
5. 社会の諸活動・諸現象に関心を持ち、自分なりの問題意識をもって物事を主体的に分析するとともに、他者の考えを理解しようとする意欲・態度を有している。

なんだか難しそうなことが書いてありますね……。

そんなことはありませんよ。ちゃんと読めば、学生に求めることとして、当たり前のことを言っているとわかります。
　まず1〜3については、高校での勉強、特に英語、国語、数学、地歴・公民科目をしっかりと勉強している必要があるということですよね。4と5については、自分自身の考えを説明する力、それだけではなく他者の意見や考え方も理解して取り入れる姿勢を持つこと、そして法学部だけあって、社会に起きていることに関心を持って多面的に分析する力が必要だと言っていますね。いわゆる「リーガルマインド」を培うための姿勢を持っている人を求めていることが読み取れます。

なるほど。丁寧に読み解くと、別に難しいことを言っているわけではないんですね。

3つのポリシーについて調べる際には、ただ情報を調べて満足するだけでなく、自分なりに理解し、消化するという姿勢で臨みましょう。志望理由書が書きやすくなります。

わかりました。読む前から「難しそう」などと先入観を持たずに、しっかり読んでどういうことが書いてあるか、自分なりに理解するようにします。

生徒の記入例） **アドミッション・ポリシーに言及した志望理由書** ―抜粋―

> 2021年の日本のGDPは世界3位ですが、国民一人当たりのGDPは世界25位、国・地域別の幸福度指数は世界40位と、個人に目を向ければ決して満足できる状況ではありません。こうした現状を打破するには、消費者の購買意欲を刺激する商品開発が欠かせないと考えます。そこで、貴学が掲げているアドミッション・ポリシーの「マーケティング・センスとサイエンスで魅力的なマーケティング戦略を立案できる人材の育成」に魅力を感じ、貴学を志望するに至りました。

 この文章は、実際に書かれた志望理由書の中から、アドミッション・ポリシーに言及した箇所を抜き出したものです。「マーケティング・センスとサイエンスで魅力的なマーケティング戦略を立案できる人材の育成」をポリシーとして掲げている大学に向けて書かれているのがわかりますね。この志望動機がどういう構成になっているか、自分なりに分析してみてください。

 まず1～2文目で、自分が関心を持っている日本の経済状況に対して、どう立ち向かっていくのかを書くことで、自分自身の経営学に関する関心の高さや問題意識を伝えているのだと思います。さらに3文目で自分の問題意識が志望校のアドミッション・ポリシーにつながることを説明して、志望校で勉強したいという意欲を伝えているんですね。

 まさにその通りです。繰り返しますが、志望理由書というのは、**志望する学部・学科、そして大学での学びに対して、自身の適性を表明するもの**です。この文章は、その視点からきちんと書けていますね。

 アドミッション・ポリシーにただ触れるだけでなく、自分が勉強したい意欲を強調するための材料としても使っているわけですね。なるほど、勉強になります。

 志望理由書を作成するテクニックとしても素晴らしいですね。もちろん、自分が選択した志望校が**本当に自分に合っているのか**を確認するためにも、3つのポリシーを調べることが大切です。自分の志望校として妥当なのか、判断する基準になりますからね。

 こうしたことを調べながら理解するという積み重ねが、志望理由書を作成するための準備、何より進学するための準備として必要だということがわかってきました。

---

point

▶ **ディプロマ・ポリシー**
　大学が**どのような人材を輩出したいか**を定めたもの

▶ **カリキュラム・ポリシー**
　大学が目指す**人材輩出に必要な教育方針**を定めたもの

▶ **アドミッション・ポリシー**
　大学が**どのような学生に来てほしいか**を定めたもの

志望校について知る

　志望校がいくつかに絞られてきたら、さらに踏みこんで調べていく必要があります。ここでは、アドミッション・ポリシーだけでなく、ディプロマ・ポリシーとカリキュラム・ポリシーについても掘り下げていきましょう。

手を動かしてチェック！

自分の言葉でまとめよう

 第3講で、志望理由書を書くときには、志望校の3つのポリシーをきちんと確認しておくことが大切だと学びましたね。ではここで、そもそも3つのポリシーの意味がきちんと理解できているか、確認しておきます。ワークシート11の空欄に入る言葉を記入してみましょう。第3講で学んだものと、一字一句同じである必要はありません。

ワークシート11

📝 3つのポリシーを自分の言葉で説明してみましょう。

▶ディプロマ・ポリシーとは

大学が（　　　　　　　　　　　　　　　　　　　　　　　）定めたもの。

▶カリキュラム・ポリシーとは

大学が（　　　　　　　　　　　　　　　　　　　　　　　）定めたもの。

▶アドミッション・ポリシーとは

大学が（　　　　　　　　　　　　　　　　　　　　　　　）定めたもの。

 では、3つのポリシーがどのようなものなのか、説明してみてください。

 ディプロマ・ポリシーとは「大学がどんな人を世の中に出したいと考えているかを定めたもの」、カリキュラム・ポリシーとは「大学がその人を育てるために必要な教育

方針はどのようなものかを定めたもの」、アドミッション・ポリシーとは「大学がどんな学生に入学してほしいかを定めたもの」……という感じで合っていますか？

うん、きちんと理解できています。志望理由書を書く前に大学のポリシーを調べておくことで、自分がその大学にどれくらい合っているかを確認できるし、志望理由書に何を書けばいいのかを考えることもできると説明しましたね。
それでは次に、p.23のワークシート10で調べた大学のアドミッション・ポリシーについて、今度はその大学がどんな学生を求めているかを自分の言葉でまとめる練習をしたいと思います。

これも自分の言葉でまとめるんですね。結構、悩みそうです。コツのようなものがあれば、教えてください。

そうですね。p.24で学習院大学のアドミッション・ポリシーについて読み取ったときのように、**書いてあることを自分なりに言い換える**ように考えてみてください。すべての文章を言い換えるのが難しければ、まずは一部分を言い換えるところから始めてみるといいかもしれません。この練習を繰り返すことで慣れていきますからね。一度、別の大学の例で考えてみましょう。

専修大学のアドミッション・ポリシー

▶ 大学のアドミッション・ポリシー

専修大学は、教育目標である「社会知性（Socio-Intelligence）の開発」に向けた教育を行うために、多様な入学者選抜の方式により、大学入学までの教育課程において、以下の能力を身につけている人材を求めます。

（１）本学での学修の基礎となる知識と技能
（２）社会の諸課題の解決に取り組むための思考力やコミュニケーション能力
（３）主体性を持って社会知性の開発を目指す態度

例えばアドミッション・ポリシーの（２）に「コミュニケーション能力」とありますが、この言葉を言い換えてみましょう。ここで求められているコミュニケーションとは、どういうものだと思いますか？

「他の人と話し合って課題を解決すること」でしょうか。他にも、「自分が知らないことを質問しにいく」ということもコミュニケーションですよね。

そうやって言い換えると、大学が求めているのがどんな学生なのか、わかりやすくなったはずです

なるほど、こうやって言い換えてみればいいんですね。自分の言葉になっていくし、理解しやすくなりました。

まずは箇条書きやメモでいいので、自分の手を動かして書いてみることが大切です。自分の言葉でまとめると、志望理由書を書くときに、より強くアドミッション・ポリシーを意識できるようになります。
では、ワークシート12に取り組んでみましょう。

p.23のワークシート10で調べた大学のアドミッション・ポリシーをもう一度書きましょう。

そこから「大学はどんな学生を求めているか」を読み取り、自分の言葉でまとめましょう。

▶ 大学のアドミッション・ポリシーとその読み取り

❶（　　　　　　　　　　　　　）大学のアドミッション・ポリシー

大学はどんな学生を求めているか　　　　　自分の言葉で言い換えよう！

❷（　　　　　　　　　　　　　）大学のアドミッション・ポリシー

大学はどんな学生を求めているか

ナルホド

ディプロマ・ポリシーとカリキュラム・ポリシーを調べよう

さて、残りの２つのポリシーについても見ていきます。ディプロマ・ポリシーとは、「大学がどんな人を世の中に出したいと考えているのか」、カリキュラム・ポリシーとは、「その人を育てるために必要な教育方針はどのようなものか」を大学が発表したものでしたね。次のワークシート13では、この２つのポリシーを調べてみましょう。

◎ ワークシート12の大学のディプロマ・ポリシーとカリキュラム・ポリシーを調べましょう。

◎ 長い場合は、一部だけ抜き出して書きましょう。

▶ 大学のディプロマ・ポリシーとカリキュラム・ポリシー

❶ (　　　　　　　　　　)大学

　ディプロマ・ポリシー

（　　　　　　　　　　　　　　　　　　　　　　　　　　　　　　　　　）

　カリキュラム・ポリシー

（　　　　　　　　　　　　　　　　　　　　　　　　　　　　　　　　　）

❷ (　　　　　　　　　　)大学

　ディプロマ・ポリシー

（　　　　　　　　　　　　　　　　　　　　　　　　　　　　　　　　　）

　カリキュラム・ポリシー

（　　　　　　　　　　　　　　　　　　　　　　　　　　　　　　　　　）

 つづいて、ディプロマ・ポリシーとカリキュラム・ポリシーを自分の言葉でまとめてみましょう。

 ディプロマ・ポリシーをまとめることで「自分がどんな人になることができるのか」、カリキュラム・ポリシーをまとめることで「どんな教育を受けることができるのか」、それぞれ理解が進みそうです。

これらの作業に取り組む意味がわかってきたようですね。それでは、やってみましょう。

ワークシート14

✎ ワークシート13で調べたディプロマ・ポリシーとカリキュラム・ポリシーを読み取り、自分の言葉でまとめましょう。

▶ 大学のディプロマ・ポリシーとカリキュラム・ポリシーの読み取り

❶（　　　　　　　　　）大学

ワークシート13のポリシーを自分の言葉で言い換える！

ディプロマ・ポリシーから、どんな人になることができると読み取れるか。

（　　　　　　　　　　　　　　　　　　　　　　　　　　　　　　　　）

カリキュラム・ポリシーから、どんな教育を受けることができると読み取れるか。

（　　　　　　　　　　　　　　　　　　　　　　　　　　　　　　　　）

❷（　　　　　　　　　）大学

ディプロマ・ポリシーから、どんな人になることができると読み取れるか。

（　　　　　　　　　　　　　　　　　　　　　　　　　　　　　　　　）

カリキュラム・ポリシーから、どんな教育を受けることができると読み取れるか。

（　　　　　　　　　　　　　　　　　　　　　　　　　　　　　　　　）

大学によって
様々なんだね

 学部・学科のアドミッション・ポリシーを調べよう

 第4講では、ここまで大学のポリシーをチェックしてきましたが、**学部・学科がアドミッション・ポリシーを設けている場合**もありましたね。

はい。p.24の学習院大学の例では、学部・学科のアドミッション・ポリシーがありました。学部・学科のポリシーのほうが、より具体的なものになるんでしょうか？

一般的にはそうです。学習院大学の例では、大学のポリシーに「各学部・学科及び研究科・専攻で掲げる知識・能力や目的意識・意欲を備えた学生」とあり、学部・学科のポリシーも確認するように促されているのがわかります。

では、学部・学科のポリシーがある場合は、絶対に調べたほうがいいですね。

そうですね。次のワークシートでは、2つのアドミッション・ポリシーを比べてみましょう。同じ大学の違う学部・学科か、違う大学の同じ学部・学科について調べ、自分の言葉でまとめます。自分が興味を持っている大学や学部・学科の特徴を考えてみましょう。

ワークシート15

◎ 2つの学部・学科のアドミッション・ポリシーについて調べましょう。

◎ 2つを比較して、違う部分に下線を引いてみましょう。

▶ 学部・学科のアドミッション・ポリシーの比較

❶（　　　　　　　　）大学　（　　　　　　　　　　）学部(学科)のアドミッション・ポリシー

どんな学生を求めているか

❷（　　　　　　　　）大学　（　　　　　　　　　　）学部(学科)のアドミッション・ポリシー

どんな学生を求めているか

入試制度について知る

　ここでは一般選抜以外の入試方式、つまり推薦入試について理解を深めていきます。大きくは「総合型選抜」と「学校推薦型選抜」の2つに分かれます。

まずは仕組みを
知ることから

 様々な入試制度を知ろう

一般選抜以外の主な入試制度

▶ **総合型選抜**
　AO入試とも呼ばれる入試方式。大学がアドミッション・ポリシーと合致した人物を選ぶために、提出書類や面接、小論文など様々な試験を組み合わせ、一人ひとりをていねいに評価する。個々人が「その大学で何を学び、どう将来に生かしていきたいか」というビジョンをきちんと持っていることが重視される。

▶ **学校推薦型選抜（指定校制）**
　指定校推薦とも呼ばれる入試の方式で、大学に指定された高校の生徒だけが出願できる。出願できる生徒の数は決められていて、校内で選ばれた生徒のみが出願できる。校内で選ばれて受験すれば、高い確率で合格できる。

▶ **学校推薦型選抜（公募制）**
　大学側から出される条件を満たした生徒が高校からの推薦を得て受験する入試方式。一般推薦と呼ばれることもある。出願条件として評定平均に基準が設けられていることが多く、高校3年間の成績や生活態度が評価される。また、国公立大学では、共通テストの受験が課されるケースもある。指定校制よりも合格率は低くなる。

 ここまで、志望理由書を書く前に知っておいたほうがいいことを説明してきました。第5講では、志望理由書が必要となることが多い、一般選抜以外の入試制度について説明していきます。大きく分けると、**総合型選抜**と**学校推薦型選抜（指定校制、公募制）**があります。最近では、5割以上の学生がこれらの推薦入試で合格したという私立大学もあるんですよ。

 学力が重視されなくなってきているということでしょうか？

 いえ、学力はもちろん大切です。推薦入試は学力に加えて、**思考力や主体性が見られている入試**と考えたほうがいいでしょう。

総合型選抜って何？

 推薦入試は、一般選抜よりも早い時期から始まります。まずは総合型選抜について確認していきましょう。総合型選抜とは、AO（アドミッション・オフィス）入試とも呼ばれ、**大学のアドミッション・ポリシーとマッチする人物を選抜するための入試方式**です。

 ここまでやってきたとおり自己分析をしたり、アドミッション・ポリシーについて調べたり、志望理由書を書くための準備が生きてくるわけですね。この総合型選抜に必要な出願資格や条件などはありますか？

 基本的には誰でも出願することができますが、資格が必要な場合もあるので、必ず事前に調べておきましょう。アドミッション・ポリシーと合致する人物を選抜するための入試ですから、条件が提示される場合もありますよ。

また、本当に行きたい大学なのか、学びたい学部・学科なのかを考えて出願しなければ、面接試験で苦戦してしまう可能性があります。

 面接試験もあるんですね。

 総合型選抜に限らず、推薦入試では多くの大学で**書類選考と面接試験を行っていて、提出書類は志望理由書がメイン**となります。面接試験の対策については第3章で詳しく説明しますので、安心してください。

さらに総合型選抜では面接だけでなく、小論文やグループディスカッション、学力試験が課される大学もあります。きちんと調べてから対策しなくてはなりませんね。

 総合型選抜は一般選抜と並行して出願できますか？

 できますよ。ただし、一般選抜のための勉強をしながら、志望理由書の作成や面接の練習をする必要があるので、しっかりとした計画を立てなくてはなりません。

また、総合型選抜は受験する時期が早いため、もし**総合型選抜で不合格だった場合でも、一般選抜でもう一度チャレンジする**ことが可能です。どちらも中途半端になってしまわないように、バランスよく対策を進めましょう。

学校推薦型選抜(指定校制)って何?

 学校推薦型選抜のうち指定校推薦と呼ばれるものは、**大学が指定した高校の生徒だけが出願を許される推薦型の入試**です。各学校から出願できる生徒の数が決まっているため、**校内で選抜があります。選抜の基準は、高校の評定平均**であることがほとんどですね。

 評定平均って何ですか?

 高校1年生の1学期から3年生の1学期までの成績の平均のことです。この期間の成績(5段階評価)を合計して、すべての科目数で割った平均値のことを評定平均値といいます。指定校推薦では、この値が5に近い生徒が校内選抜で選ばれる傾向があるということです。

 高校3年間、きちんと学業に取り組まないといけないということですね。

 そうですね。指定校推薦を視野に入れるなら、高校入学から継続して定期試験や実力試験で好成績を収める必要があります。

 評定平均値が同じだった場合、どうなるんですか?

 高校によりますが、その生徒が学校にどれぐらい貢献してきたか、部活動の成績などと照らし合わせて選ばれることがあります。それぞれに課題を出して、きちんと取り組んだ生徒を選ぶという学校もあります。

 どんな基準にしろ、普段の学校生活にきちんと向き合い、さらに学業以外の活動についても積極的に取り組む姿勢が大切なんですね。
僕は、部活動を頑張ってきたという自信はあるんですが、テストの成績がよくないときもあったから……。評定平均値を確認しておかなくちゃ。

 大学から高校が指定されるという方式なので、高校の先生は、信頼して推薦できる生徒を選びたいと思っているはずです。
指定校推薦は**基本的には専願で、校内選抜を通れば合格できる可能性が高い**という特徴があります。

自分に合った制度を
見つけよう

学校推薦型選抜（公募制）って何？

学校推薦型選抜には公募制というものもあるんですね。指定校制とはどう違うんでしょうか？

いちばんの違いは、**大学から出される条件を満たしていれば、誰でも出願できる**ということです。
ただし、「学校推薦型」なので、**高校からの推薦が必要**となります。**出願条件として、評定平均の基準が設けられている**こともあります。つまり、ある程度の学力を求めているということです。

何が重視される入試方式なのでしょうか？

高校からの推薦が必要なので、高校3年間の成績はもちろんのこと、生活態度も評価の対象となります。また、それだけではなく、**自分だけの強み**が欲しいところです。生徒会活動や部活動、留学経験など、学校生活の中で頑張ってきたことや、そこから学んだことを生かして社会でどういうことをしていきたい、というようなはっきりしたビジョンを持つことが必要です。

他に、公募制の注意点などはありますか？

学校によっては、学力テストが課されることもありますし、国公立大学では共通テストの受験が課されるケースもあります。**国公立大学は基本的に専願ですが、一部の私立大学では併願が可能な大学もあります。**自分が行きたい大学については、これらの条件もしっかり確認しておく必要がありますね。
また、指定校推薦のように、出願すればほぼ合格するとは限りませんので、油断しないようにしてください。

フムフム

志望校の入試方式を調べよう

どの入試方式が採用されているのか、どのような名称で何回に分けて実施されるのかは、大学や学部・学科によっても違います。例えば、中央大学法学部の総合型選抜は「チャレンジ入試」という名前で行われていて、その中でも「リーガル部門」「パブリック部門」「グローバル部門」と分けて実施されています。

名称が違ったり、いくつかに分けて実施したりする学校もあるんですね。

また、指定校推薦は大学が実施していても、自分の通っている高校が指定校の対象になっていなければ受験することができません。志望校の指定校推薦を受験できるかどうかは、通っている高校の先生に聞いて確認する必要があります。ではここで、志望校にどのような入試制度があるのか、大学のホームページなどで調べてみましょう。

📝 **志望校が採用している入試方式にチェックを入れましょう。**

📝 **自分が受験できる可能性がある入試方式が、どのような名称で何回に分けて実施されるかを調べましょう。**

▶ 志望校の入試方式

❶（　　　　　　　　　　　　　　）大学　（　　　　　　　　　　　　　　）学部　（　　　　　　　　　　　　）学科

□総合型選抜：（　　）

□学校推薦型(指定校制)：（　　　　　　　　　　　　　　　　　　　　　　　　　　　　　　　　　　　　　　）

□学校推薦型(公募制)：（　　　　　　　　　　　　　　　　　　　　　　　　　　　　　　　　　　　　　　　）

指定校制は、自分の高校が対象かどうかをまず確認！

❷（　　　　　　　　　　　　　　）大学　（　　　　　　　　　　　　　　）学部　（　　　　　　　　　　　　）学科

□総合型選抜：（　　）

□学校推薦型(指定校制)：（　　　　　　　　　　　　　　　　　　　　　　　　　　　　　　　　　　　　　　）

□学校推薦型(公募制)：（　　　　　　　　　　　　　　　　　　　　　　　　　　　　　　　　　　　　　　　）

大学や学部・学科によって
要項は様々

入試要項を調べよう

 志望校で実施されている入試方式が確認できたら、次はその大学の**入試要項**を調べて、さらに情報を収集しましょう。入試要項とは、その大学を受験するために必要な情報が記載されている資料のことで、入試科目や入試日程などの条件を確認することができます。

 受験するための条件を調べることで、受験準備を進めていくんですね。やっぱり、ネットを使って調べるんですか？

 そうですね。ふつう入試要項は大学のホームページで閲覧できるほか、大学に問い合わせて送ってもらう方法もあります。入試方式ごとに入試要項が分かれている大学も多いので、必ず自分が選択する入試方式の要項を確認するようにしましょう。

 入試要項には、具体的にどんな情報が載っているんでしょうか？

 出願から入学までの流れや、**出願に必要な資格**、**受験の際に提出が必要な書類**などが載っています。大学によっては**入試での評価項目**や**入試の趣旨**、**選考のポイント**が載っていることもあります。

入試要項からも、その大学がどのような学生に入学してほしいのかがわかることがあるんですね。

だからこそ、集められる情報はできるだけ集めましょう。入試要項は受験する年度のものを調べる必要がありますが、まだ最新のものが発表されていない場合は、ホームページなどに掲載されている前年度のものを参考にしましょう。

ワークシート17

📝 **入試要項から必要な情報を調べましょう。**

▶ 入試要項から得られる情報

❶(）大学 （ ）学部 （ ）学科

入試方式:( ) ← 総合型選抜、学校推薦型選抜（指定校制、公募制）など。

出願日程:(）月（ ）日 ～ （ ）月（ ）日

入試日程:(）月（ ）日

合格発表日:(）月（ ）日

提出する書類:(）

求められている資格など:(）

その他の情報:(）

← 入試での評価項目や選考のポイントなど、入試に役立つ情報。

❷(）大学 （ ）学部 （ ）学科

入試方式:(）

出願日程:(）月（ ）日 ～ （ ）月（ ）日

入試日程:(）月（ ）日

合格発表日:(）月（ ）日

提出する書類:(）

求められている資格など:(）

その他の情報:(）

総合型選抜で必要な情報を知ろう

 ３つの入試方式の中でも、総合型選抜の準備がいちばん大変そうですね。

 学校からの推薦などがなく、自分の言葉で自分を推薦しなくてはいけないわけですからね。ふだんから学校の勉強を頑張るだけでなく、志望理由書の準備や面接・小論文・ディスカッション・学力テストの対策など、やらなくてはいけないことが盛りだくさんです。きちんと調べて、しっかり準備したうえで出願しなくてはなりません。

 英検などのように、高２〜高３からでも頑張れば出願資格を満たせる場合もありますよね。

 そうですね。総合型選抜に関しては、準備が多くなるので、より詳しく調べておきましょう。総合型選抜の受験を考えていないという場合は、次ページのワークシート18は飛ばして構いません。

📝 **志望校の総合型選抜で必要な情報を調べましょう。**

▶ **総合型選抜で必要な情報**

具体的な人物像などがよくわからないときは、
先生に相談してみよう！

❶(）大学 (）学部 (）学科

大学が求める人物像：(

）

具体的な人物像：(

）

必要な書類（何を書く書類が必要か）：

(

）

その他（書類選考が通過したあとの選抜方法など）：

(

）

❷(）大学 (）学部 (）学科

大学が求める人物像：(

）

具体的な人物像：(

）

必要な書類（何を書く書類が必要か）：

(

）

その他（書類選考が通過したあとの選抜方法など）：

(

）

オープンキャンパスで情報収集をする

オープンキャンパスは、大学や専門学校が入学希望者に向けて学校を開放するイベントです。ホームページや入学案内書には載っていない情報を得られることもあります。

モチベーションアップにもなるよ

オープンキャンパスに参加しよう

志望校についてひと通り調べたら、実際に学校を見て回ることができる**オープンキャンパス**に参加してみるのもいいでしょう。大学のリアルな雰囲気を味わうことができますし、実際に足を運ばなければわからない情報もたくさんありますからね。

オープンキャンパスって、いつ頃開催されるものなんですか？

一般的に、**7月から11月に開催されることが多く、特に夏休みの時期がピーク**です。日程は、大学のホームページなどで調べることができます。この頃にはある程度、志望校も絞られているとは思いますが、あらためて志望する学部・学科で検索し、足を運びやすい大学のオープンキャンパスを探す方法もあります。気になった大学に、実際に通うことができるかも考えなくてはいけませんからね。まずは、参加するために、日程を調べることから始めてみましょう。

ワークシート19

📎 **参加しようと考えているオープンキャンパスの日程と場所を調べましょう。**

▶ オープンキャンパスの日程と場所

行ける場所から調べるのもアリ！

❶（　　　　　　　　）大学　開催期間：（　　　　　　　　　　）　場所：（　　　　　　　　　）

❷（　　　　　　　　）大学　開催期間：（　　　　　　　　　　）　場所：（　　　　　　　　　）

❸（　　　　　　　　）大学　開催期間：（　　　　　　　　　　）　場所：（　　　　　　　　　）

知りたい情報は
何だろう？

事前に知りたいことを考えておこう

 オープンキャンパスに参加する際は、**どんなことを知りたいかを事前に考えておく**ことで、より意義が大きくなります。

 ぜひ、志望理由書を書くときに役立つような情報を聞いて帰りたいです。

 オープンキャンパスでは**学校説明会**が行われ、学長や学部長、教授の話を直接聞くことができます。その場で「大学はこのような学生を求めている」という話を聞くことができれば、志望理由書に書く内容につなげられますね。大学によっては**個別相談会**を実施している場合もあるので、自分が目指す職業に向けたサポートはあるのか、どのように学ぶことができるかなど、自分が知りたいことをより詳しく聞くことができます。

 誰の話を聞くことができるのか、個別に時間をとってもらえるのかなども、調べてから参加したほうがよさそうですね。

 そうですね。個別相談会は事前の予約が必要なことも多いので、必ず調べておきましょう。オープンキャンパスでは他にも様々なイベントが開催されています。参加する際は、大学や通っている学生の雰囲気が自分に合っているかもチェックしておきましょう。志望理由書を書くモチベーションアップにつながりますよ。

 ワークシート20

◎ **オープンキャンパスで知りたい情報を、参加する前にまとめておきましょう。**
◎ **どのようなイベントが行われるか調べておきましょう。**
◎ **その他、オープンキャンパスでチェックすることを確認しておきましょう。**

▶ **オープンキャンパスで知りたい情報** （例：求めている学生像はどのようなものか）

▶ **どのようなイベントが行われるか** （例：個別進学相談会） ← イベントの日程や、予約が必要かどうかもチェック！

▶ **オープンキャンパスでチェックすること** （例：在校生の雰囲気は？ どのような設備がある？）

体験授業に参加しよう

 オープンキャンパスでは、実際に授業を体験することもできます。

 大学の授業って難しいイメージが……。高校生に理解できるんでしょうか?

 大学の授業を理解することは簡単ではないですが、「こういう授業を受けることになるんだな」という実感を得ることが大切です。15分程度の短い授業で、基本的な内容を講義してくれるパターンが多いようです。また、授業を受けてみることで、**自分が学びたいことが新たにわかる**場合もあります。体験授業の目的は理解することよりも体験することですから、前向きな気持ちで参加しましょう。
さらに最近は、志望理由書の書き方講座など、受験生が受講することを前提とした**入試に直結する講座**が行われる大学も増えてきました。

 入試に直結する貴重な機会であれば、ぜひ受講したいです。その他にはどのようなことができるんでしょうか?

 実際にその大学へ通っている先輩たちと交流することができます。どうしてその大学を選んだのか、受験の際に苦労したことは何かなど、先輩の生の声を聞くことができるのは、貴重な体験ですね。
それから、**キャンパスツアー**で学校の施設を見て回ることができます。図書館が充実しているか、パソコンルームが完備されているかなど、学習環境の確認も重要ですからね。他にも学食体験や、部活動・サークルのデモンストレーションイベントなど、様々なイベントが行われます。

 メリットがたくさんありますね。だけど、興味がある大学すべてのオープンキャンパスに行くのは、ちょっと厳しいです。自宅から遠い大学もあるし、オープンキャンパスの開催期間と予定が合わないこともありますよね。

 実際に行って体験することがベストですが、距離的な問題などもありますね。その場合は、大学が**オンラインオープンキャンパス**を行っているかを調べてみましょう。パソコンやスマートフォンから参加できるので、実際に足を運ぶことができない場合も、どのような大学かを知ることができます。また、オープンキャンパスに参加してわかった情報は書きとめておきましょう。

point

- ▶ オープンキャンパスでは、**体験授業**、**学校説明会**、**個別相談会**、**キャンパスツアー**などが行われ、**7月から11月に開催**されることが多い。
- ▶ 学校説明会や個別相談会では、**授業内容**や**就職実績**、**取得できる資格**などを紹介。
- ▶ キャンパスツアーでは**学校施設の見学**ができ、校風や実際に通っている学生の雰囲気を知ることができる。
- ▶ 近年では**オンラインオープンキャンパス**が開催されることも。

ワークシート21

✏️ このページをコピーするなどして、オープンキャンパスに行く際に持っていきましょう。

✏️ オープンキャンパスに参加した大学について、項目別に分けてメモしておきましょう。

（　　　　　　　　　　）大学　（　　　　　　　　　　）学部　（　　　　　　　　　　　　）学科

▶ **大学が求める人物像とは**

▶ **どのようなことが学べるか**

▶ **どのような学生が多かったか**

▶ **どのような施設があったか**

▶ **その他、気になったこと**　　　どんな学校行事があるか、どんな部活動やサークルがあるか、就職率はどのくらいか、通学に便利かなど、なんでもメモしておこう！

第 **2** 章

志望理由書を
書き始めよう

この章では、まず志望理由書の構成例をインプットします。

つづいて、「将来の夢・目標」「きっかけ」など、

志望理由書に盛りこむ各要素をひとつずつ、

手を動かしながら書き進めていきましょう。

後半では、原稿用紙の使い方や読みやすい文章のコツ、

志望理由書以外の書類の書き方についても紹介しています。

志望理由書で何を語るべきか

いよいよ志望理由書を書き始める前に、まずは志望理由書の構成例を頭に入れましょう。つづいて、伝わりやすい順番について考えてみましょう。

志望理由書の構成例を復習しよう

ここではまず、志望理由書にどのような要素が求められるかを改めて確認します。そして、どのような順番と流れで書くことが望ましいのか、書く際に特に注意すべきことは何かを考えていきます。

まずは、第1章で学んだ「志望理由書の構成例」の復習から始めましょう。

志望理由書の構成例

❶ 将来の夢・目標
進学先で学びたいことや将来目指している仕事があればそれを示し、その実現のために大学で学ぶ必要があることを示す。

❷ きっかけ
❶で示した内容について、目指したい、取り組みたいと考えるようになったきっかけ、志望する分野や取り組みたいことの魅力や意義について説明する。

❸ 課題分析・解決手段
❶に関連して、自分が目指している理想像や、実現したいこと、さらに理想を目指すうえで取り組むべき課題や克服すべき問題について書く。そのうえで、そうした課題や問題に立ち向かうためにも進学先でどう学ぶのかを書く。

❹ キャリア
❶で書いたことを実現するためにどのようなキャリアプランを立てているのかを示す。

❺ 大学での学び
志望する大学を選んだ理由を3つのポリシーやカリキュラム、学修計画などを踏まえて書く。

志望理由書を審査する人たちが何を知りたいのかというと、**何を目標に大学に進学しようとしている**のか、**大学で何を学びたい**のか、そして**その大学で学ぶ適性がある**のかということです。これらの要素を盛りこんで書くと、伝わりやすい文章になりますよ。

❶～❺の要素は、必ずこの順番で書いたほうがいいんでしょうか？

 志望理由書には、要素も順番も絶対の正解はありません。ただ、伝わりやすい順番はありますよ。
どういう順番が伝わりやすいのかを考えるため、「志望理由書の構成例」の❷～❺の順番について考えるワークシート22に取り組んでみましょう。

ワークシート22

◎ 志望理由書として伝わりやすい順番だと思うものに、チェックを入れましょう。

◎ チェックしなかったものが、なぜ伝わりにくいと考えたのか、理由を説明しましょう。

□(1) きっかけ　→　解決手段　→　課題分析　→　キャリア　　　→　大学での学び

□(2) きっかけ　→　課題分析　→　解決手段　→　キャリア　　　→　大学での学び

□(3) 課題分析　→　きっかけ　→　解決手段　→　大学での学び　→　キャリア

□(4) きっかけ　→　解決手段　→　キャリア　→　課題分析　　　→　大学での学び

▶ 理由

_____

_____

_____

順番が大事

伝わりやすい順番を考えよう

 (1)と(4)は、解決手段と課題分析の順番が逆だと思います。課題分析より前に解決手段がきてしまうと、伝わりにくいですよね。

 問題提起の前に解決手段を示すのは不自然ですね。

 (3)の「課題分析　→　きっかけ　→　解決手段」の順番もなんだかイメージがわきません。志望分野について課題を考えたあと、すぐに解決手段がきたほうがわかりやすいと思います。

 うん、志望分野に関する社会問題からその分野について関心を持つようになることもあるけれど、あいだに余計な要素が挟まると話題が行ったり来たりして、まとまりのない文章になってしまいそうですね。

 そう考えると、やっぱり(2)の流れがよさそうです。

 正解です。このように、**伝わりやすい順番は、書きやすい順番**であるとも言えます。では、(2)の流れがよいと思った理由について、自分なりに説明してみましょう。

「(2) きっかけ → 課題分析 → 解決手段 → キャリア → 大学での学び」の流れで書く理由を、説明しましょう。

▶ 理由　　　　　　　　　　　　　　　　　自分の言葉で説明してみよう！

_____

_____

_____

_____

時間軸に沿って伝えよう

「過去→現在→未来」の流れで伝えよう

 「(2) きっかけ → 課題分析 → 解決手段 → キャリア → 大学での学び」という構成が伝わりやすいのは、**「過去 → 現在 → 未来」と時間軸に沿った流れ**になっているからなんです。

志望する学部・学科に興味を持った「きっかけ」を伝えて、その分野で今、課題になっていることを考える（「課題分析」）という流れは自然ですよね。

 「きっかけ」が過去、「課題分析」が現在に当たるわけですね。

 その通り。そして「課題分析」から、課題に対する「解決手段」としてどのようなことが考えられるのか。どのような「キャリア」（＝仕事）を経れば「解決手段」に取り組むことができるのか。そしてその「キャリア」を積むために、「大学での学び」をどのようにするつもりなのか……と未来の話につなげていくんですね。

 確かにこの順番だと、説得力のある伝わりやすい志望理由書を書くことができそうです！

point

▶ 志望理由書の構成では「**過去 → 現在 → 未来**」という**流れ**を意識しよう。

▶ 時間軸に沿った構成にすることにより、**説得力が生まれ、伝わりやすい志望理由書**になる。

「頑張ったこと」はどれくらい語るの？

 志望理由書は「過去 → 現在 → 未来」の流れで、大学で何を学びたいのかをメインに書く文章です。ここで一つ、注意してほしいことがあります。今まで頑張ってきたこと……例えば部活動や課外活動は、高校生活を通して取り組んできた「過去」の話になるので、語りすぎは禁物です。文字数制限にひっかかって「現在」や「未来」の話ができなくなってしまいますからね。

 志望理由書では、あまり過去の話をアピールしないほうがいいということですか？

 書いてはいけない、という意味ではありませんよ。ただ、頑張ってきたことを書くだけでは、志望理由書で求められる要素に応えたことにはならないんです。
大切なのは、**過去の活動や取り組みを通して、自分がどんな強みを持つようになったのか**、ということです。ちゃんと自己分析をすれば、「きっかけ」や「大学での学び」のところで、自分に適性があることをアピールできるはずです。
アピールにつなげやすい「頑張ったこと」の例と、それがどんな学びにつながるかを見てみましょう。

書きやすい「頑張ったこと」の例

▶保育ボランティア・学童ボランティアなどの活動に取り組んできた
　➡保育士・幼稚園教諭

▶社会福祉関連のボランティア・介護ボランティアなどの活動に取り組んできた
　➡介護士・社会福祉分野

▶各種学校が実施する看護体験などに参加してきた
　➡看護師・医療分野

▶高校で特に力を入れて学んできた科目
　➡その科目の延長を大学で学ぶ
　▶英語：外国語学部英語学科や文学部英米文学科／　数学：理学部数学科 など

▶商業高校や商業学科などで商業科目を学んできた
　➡経済学部・商学部・経営学部

 なるほど。過去に自分が頑張ってきたことを見つめ直して、未来で学びたいこととどう関連づけるか、ということですね。

 次のワークシート24では、自分が頑張ってきたことと、それによって身についた自分の強みを考えてみましょう。

◈ 勉強・部活・委員会活動など、高校生活を通して頑張ってきたことを挙げましょう。

◈ 趣味や習い事など学校外のことでも、頑張ってきたことがあれば書きましょう。

記入例）

> 陸上の長距離走選手として、3年間努力してきた。3年生のときにインターハイに出場することができた。

▶ 頑張ってきたこと

↑
「きっかけ」や「大学での学び」に直結しないことでもOK。
とにかく書き出してみよう！

◈ 上記の活動を通して、自分が身につけたと思える長所や強みにチェックしましょう。

▶ 長所や強み

□ 積極的・意欲的 　　□ 適応力がある 　　□ 几帳面さがある ← チェックは複数入れてもOK!

□ 思慮深さがある 　　□ 責任感が強い 　　□ 物事に冷静

□ 計画性がある 　　　□ 機転がきく 　　　□ 洞察力がある

□ 意志の強さがある 　□ 情熱的に取り組む □ 協調性がある

□ 物事に前向き 　　　□ 競争心がある 　　□ 好奇心が旺盛

□ 自省心がある 　　　□ 状況把握力がある □ 集中力がある

□ その他:（　　　　　　　　　　　　　　　　　　　　　　　　　　　）

◈ 上記の長所や強みを選んだ理由を説明しましょう。

◈ そのために、どのような努力や行動をしたのかについても書きましょう。

記入例）☑ 意志の強さがある 　☑ 競争心がある

> 最初は体力がなく、長距離を走り切ることができなかった。そこで、苦手だった筋力トレーニングを毎日コツコツと続けた。諦めずにやり続けたことで、徐々に記録が上がってきた。記録が上がるとともに、負けたくないという気持ちが強くなり、休日にも自主トレーニングを取り入れるようになった。これらを部活動引退まで、一日も休むことなく続けてきた。こうしたことから、私の意志の強さや競争心が培われてきたと思う。

▶ 長所や強みを選んだ理由、努力や行動

志望理由書を書くのに必要な観点って何？

 ここで改めて、志望理由書を作成するために、必要なことを確認していきましょう。大事なのは、**「思い」「知識」「行動」**という観点です。

志望理由書のそれぞれの要素で、「自分の気持ち」が大事なのか、「自分が知っていること」が大事なのか、「自分が行動すること」が大事なのかを考えましょう。

ワークシート25

✎ 志望理由書の要素ごとに、どの観点が重要かを考えてチェックを入れましょう。

❶ 将来の夢・目標　　　　□思い　□知識　□行動　　　チェックは複数入れてもOK！

❷ きっかけ　　　　　　　□思い　□知識　□行動

❸ 課題分析・解決手段　　□思い　□知識　□行動

❹ キャリア　　　　　　　□思い　□知識　□行動

❺ 大学での学び　　　　　□思い　□知識　□行動

 例えば❶と❷については、志望する分野や学部・学科に対する興味や関心があることが大前提ですから、当然「思い」が必要になります。

 そういうふうに考えればいいんですね。じゃあ❸は、志望する分野や学部・学科で話題になっていることや問題になっていることを知らなければ書けないし、書くためには調べなければいけないから、「知識」が必要不可欠ですね。

 うん、いい考え方です。❹は、❸の内容を踏まえて、どのように自分の将来のキャリアプランを立てるかということなので、ここでも「知識」が必要です。未来のことなので「行動」も欠かせませんね。

 ということは❺も、大学でどのようなことを学ぶことができるのかや、自分にはどういう適性があるのかを知らなければいけないので「知識」が必要だし、どのような学修計画で学んでいくのかが大事になるので「行動」も必要ですね。

 この「思い」「知識」「行動」という観点ですが、今の自分に書けるものと書けないものがあるのはわかりますか？

 「思い」の部分は書くことができそうですが、「知識」については知らないと書けないので、今すぐに書くのは難しいと思います。

 「行動」についても、すぐに思いつくものもあるけれど、調べないとどんなことをすればいいのかわからない、という場合もありますね。今の自分がすぐに思いつくようなことが、本当に志望理由書に書けるものかどうかもよく考えたほうがいいので、それぞれの要素については p.62以降で改めて確認していきましょう。

条件の確認

　志望理由書に書くべき内容は、大学ごとに異なります。志望理由書を書く前に、志望大学の入試で与えられる条件や設問を調べる作業に取り組みましょう。

まずは調べることから

 志望理由書の条件を調べよう

 ここでは、少しだけ本番を想定した作業を進めます。自分の志望する大学、学部・学科が実施している推薦入試が、志望理由書にどのような条件を設定しているのかを確認しましょう。
　志望理由書も普通の試験と同じように、**どのような問題が出されて、どのように答えなければいけないのか**を考える必要がありますからね。

 言われてみればそうですね。志望理由書の大まかな傾向は同じだとしても、大学ごとに受験生に求めることは違うだろうし、条件に違いがあって当然です。

 特に、**文字数**によって構成や書く要素のバランスが変わってくるので、しっかりと調べておいたほうがいいですよ。point を参考にして、次ページのワークシート26に取り組んでみましょう。

point

▶ 志望校のホームページを参照して調べる。

① 検索サイトで「〇〇大学△△学部　推薦入試」などと入力し、検索をかける。

② 多くの大学の場合、学部・学科ごとの受験情報のページが出る。

③「入学試験要項（入試要項）」の項目が出てくるので、そこをクリックする（PDFファイルの場合が多い）。

④ 関心を持った入試方式の項目をクリックして、**受験条件**や**出願資格**、**実施日程**を確認し、**提出書類の種類**（志望理由書かその他か）、**文字数**、**設問**を調べる。

※検索する時期によるが、自分が受験する年度の最新版を調べる。最新版が発表される前の場合は、あくまで過去の実施例として参考程度に留める。

▶ オープンキャンパスや説明会で資料をもらっていれば、それをもとに調べる。

◎ 志望校が実施している推薦入試について、わかったことを書き出しましょう。

▶ 志望校の入試要項

Pointを参考にしよう!

❶

大学	
学部	
学科	
入試方式	
受験条件	
出願資格	
実施日程	
提出書類の種類(書類名)	
文字数	

❷

大学	
学部	
学科	
入試方式	
受験条件	
出願資格	
実施日程	
提出書類の種類(書類名)	
文字数	

❸

大学	
学部	
学科	
入試方式	
受験条件	
出願資格	
実施日程	
提出書類の種類(書類名)	
文字数	

✏️ 前ページで調べた大学、学部・学科について、提出書類に課される条件や設問を書き出しましょう。

記入例）

（〇〇）大学　（△△）学部　（□□）学科　（総合型）選抜

志望理由書（事前課題）　①　大学で自分を変えるために何をすればよいか。②　大学に対してどのような貢献ができるか。③　世界を変えるために自分は何ができるか。1200字程度とあるが、記載欄はマス目なしのＡ４サイズ２枚。← どのような用紙が指定されているかもメモしておこう！

▶ 提出書類に課される条件や設問

❶（　　　　　　　　）大学　（　　　　　　　　）学部　（　　　　　　　　）学科　（　　　　　　　　）選抜

❷（　　　　　　　　）大学　（　　　　　　　　）学部　（　　　　　　　　）学科　（　　　　　　　　）選抜

❸（　　　　　　　　）大学　（　　　　　　　　）学部　（　　　　　　　　）学科　（　　　　　　　　）選抜

*構成例をもとに
まとめよう*

志望理由書の条件や設問の対策をしよう

 僕の志望する学部・学科がある大学をいくつか調べてみましたが、どれも条件が異なっていました。ひと口に志望理由書と言っても、大学によって文字数も出題内容も結構変わるんですね。

 基本的に「本学を志望する理由を〇〇字以内で書きなさい」といった設問ならば、ここまで学んできた「志望理由書の構成例」をベースに書いていけば大丈夫です。しかし、もっと具体的な設問ならば、設問によって、**どの要素に重点を置くか**が変わってきます。場合によっては、構成例にない新しい要素を考える必要も出てきます。まずは、自分の志望校の入試がどのような条件を課しているのかを把握し、その条件が**構成例のどの要素に該当するか**を考えて、条件に合わせたメモを作成していきましょう。

ワークシート27

✏️ ワークシート26で調べた条件や設問の中から、特に対策が必要だと思うものを一つ取り上げ、書き出しましょう。

▶ 特に対策が必要なもの

✏️ 上に書いた条件や設問が、「志望理由書の構成例」のどの要素にあてはまるのか、あるいは新たに考える必要があるのかを考えて書きましょう。

✏️ その他、対策として考えられることを書き出していきましょう。

記入例）

条件や設問：目標達成のための学修計画を書け

対策：「将来の夢・目標」と「キャリア」の項目で書く内容を端的に示し、「大学での学び」の内容について、カリキュラムをベースに学修計画を書く。記載欄の大きさから、特に学びたい講義内容を1つ、2つ挙げる書き方にするか？

▶ 対策
　　　　　　　　　　　　考えがまとまらなくても、メモとしてとりあえず書いてみることが大事！

 文字数の指定が600〜800字程度であれば、ここまで学んできた「志望理由書の構成例」の要素をきちんと盛りこんで書くことができるはずです。

 それより少ない文字数が指定されている場合は、どれかを削ればいいんですよね？

 基本的にはそうなんですが、**「きっかけ」**と**「大学での学び」**は必ず書くようにしましょう。逆に、800字以上の文字数が指定されている場合は、「大学での学び」の部分をできるだけ具体的に書いて、自分が学びたいことをしっかり伝えるようにすれば、バランスのいい志望理由になるでしょう。

書くべき要素の確認と整理

「志望理由書は準備が9割」と言えるほど、準備が大切です。まずは箇条書きレベルでメモを作成し、メモを参考に全体の流れを確認しながら、志望理由書を書く準備を進めます。

まずは手を動かそう

 書くべき要素を確認・整理しよう

 ここでは、志望理由書の構成と各要素を再度確認しながら、どのようなことを書くべきか、実際に手を動かしてメモを作成していく作業に取り組みます。しつこいようですが、もう一度、志望理由書の構成例を復習しておきましょう。

志望理由書の構成例

❶ 将来の夢・目標
❷ きっかけ
❸ 課題分析・解決手段
❹ キャリア
❺ 大学での学び

 これらの要素について少しずつ、実際に書き出していきますよ。

 いよいよですね。でも、書けるかなぁ……。

 今の自分が**書けるものと書けないものを判断するため**にも、手を動かしてみることが大切なんです。参考として、次ページの例を見てみましょう。これは看護学部志望の生徒が書いたものです。

生徒の記入例）　看護学部志望

▶ ❶ 将来の夢・目標

・私は将来、患者さんの不安を減らすことができるような看護師になりたい。

▶ ❷ きっかけ

・きっかけは、『犬が来る病院』という本を読んだこと。
・病気と闘う子どもたちの姿、献身的なサポートを行う看護師の姿が印象に残った。
・患者さんのいちばん近くで寄り添い、チームの中でも大きな役割を持っているところがかっこいい。

▶ ❸ 課題分析・解決手段

・日本は自然災害が起こりやすい。
・看護師は災害時の看護の基本的知識や対応方法を身につけることが必要不可欠。

▶ ❹ キャリア

・チャイルド・ライフ・スペシャリストの資格を取りたい。
・チャイルド・ライフ・スペシャリストは、入院している子どもたちや家族の心理的なサポートを行う専門の資格。質の高いサポートができる。
・留学→実務？

▶ ❺ 大学での学び

・特に「発達看護学」に力を入れて学びたい。
・子どもたちへの適切な心身のケアや保護者の方が安心できるようなコミュニケーションのためにはどうすればよいか、追求していきたい。

 これに色々と付け足して文章の形にすれば、そのまま志望理由書になりそうですね。でも、❶→❷→❹→❺はうまく流れていますが、❸だけ話が飛んでしまっている気がします。

 全体から見ると、小児看護についての専門性を持った看護師を目指しているんだな、ということが伝わりますが、❸で書かれているのは自然災害の話なので違和感があります。でも、この段階ならば問題ありません。全部書けなくても大丈夫ですし、まずはメモをとるという気持ちでやってみましょう。

 最初はうまく書けなくてもいいんですね。

 これはあくまでも準備段階のメモです。**単語レベルでも箇条書きレベルでもいいの**で、思いついたことを自由に書いていきましょう。きっと、書いていく中で気づくこともあるはずです。その気づきをもとに、どうすればいい志望理由になるかを考えていけば大丈夫です。では、実際に書いてみましょう。

◎ 志望理由書の構成例に沿って、今の段階で書けるものを書き出しましょう。

◎ 箇条書きや単語の羅列でも大丈夫。思いついたことをメモしましょう。

◎ 今の段階で書けない要素は空欄にしても構いません。

▶ ❶ 将来の夢・目標

文章のうまさ、文字数などは
気にせずに書いてみよう！

▶ ❷ きっかけ

▶ ❸ 課題分析・解決手段

▶ ❹ キャリア

▶ ❺ 大学での学び

すこしずつ
ブラッシュアップ!

書けなかった要素について考えよう

では次に、左ページのワークシート28に書き出すことができなかった要素や、書くことが難しいと感じた要素、書けたけれど自信がない要素などについて、その理由と対策を考えていきましょう。

ワークシート29

📝 (1) メモを書き出すことができなかった要素や書くことが難しいと感じた要素、自信がない要素にチェックを入れましょう。

　□❶ 将来の夢・目標　　□❷ きっかけ　　□❸ 課題分析・解決手段
　□❹ キャリア　　　　　□❺ 大学での学び

📝 (2) (1)でチェックした要素について、どの観点が不足していることが原因か、チェックを入れましょう。　　　　　　　　　　　一つの要素に複数のチェックを入れてもOK!

❶ 将来の夢・目標　　➡書きづらいのは　□思い　□知識　□行動　に不足があるから
❷ きっかけ　　　　　➡書きづらいのは　□思い　□知識　□行動　に不足があるから
❸ 課題分析・解決手段　➡書きづらいのは　□思い　□知識　□行動　に不足があるから
❹ キャリア　　　　　➡書きづらいのは　□思い　□知識　□行動　に不足があるから
❺ 大学での学び　　　➡書きづらいのは　□思い　□知識　□行動　に不足があるから

📝 (3) (2)でチェックした項目に基づいて、理由を挙げていきましょう。

記入例 I)
☑❸ 課題分析・解決手段 ➡ ☑知識
　関心を持っている分野はあるが、それについて詳しく調べていないから書くことができない。知識不足、情報不足。

記入例 2)
☑❺ 大学での学び ➡ ☑知識 ☑行動
　大学のカリキュラムを把握していないから、どのように勉強できるのか書けない。履修シラバスを読んでいないので、どんな講義があるかわからない。

▶理由　　　　　　　　　　理由はいくつあってもいい。言い訳するつもりで書いてもOK!

✎ (4)（3）で挙げた理由から、対策を立てていきましょう。

記入例１）

❸ 課題分析・解決手段

　　関心を持っている分野について、インターネット検索で調べる。オープンキャンパスで推薦された書籍を図書館で探す。

記入例２）

❺ 大学での学び

　　学校説明会が実施されるので、参加して説明を聞く。動画サイトにあるカリキュラム紹介を視聴してイメージをつかむ。

▶ 対策　　　　　　　　　　　　　　　　　　　書けない理由を一つひとつ解決していこう！

 手を動かすことで、今の自分が書ける要素と書けない要素がはっきりしたはずです。実は、このワークの主な目的はこれなんです。

 実際に調べないと書けないものが思ったよりたくさんありました。「知識」「行動」の観点が必要な要素は、やっぱり書きづらいなぁ。

 ❶や❷については、調べなくてもある程度ふくらませることができそうですね。

 はい。例えば、面白いと感じたことを、ただ「面白い」と書くのではなく、「○○の△△なところが面白い」とか、「□□に取り組んだら××と感じた」などと書くと、具体的に書けそうです。

調べなくても書けることはとにかくメモにしよう

もう一つ、経営学部志望の生徒が書いた例を見てみましょう。

生徒の記入例）　経営学部志望　―メモ―

▶ ❶ 将来の夢・目標

> ・私はマーケティングを中心とした経営学を学びたいです。

▶ ❷ きっかけ

> ・経営学に興味を持った理由は、店舗に並んでいる商品の流通や販売ルートに、経営学の様々な知識が生かされていると学校の進路ガイダンスで聞いたから。
> ・経営学がとても身近なものであることを知り、経営学に関する最新の知識を知りたいと考えたから。

この生徒は自分の書いたメモを何度も見直し、「なんでこんなふうに思ったんだろう」と**自問自答することで、「思い」をどんどん掘り下げて**いきました。そうすると、メモがどんどん充実していったんです。このメモがどのようにリライトされたかを見てみましょう。

生徒の記入例）　経営学部志望　―リライト―

▶ ❶ 将来の夢・目標

> ・私はマーケティングを中心とした経営学を学びたいです。

▶ ❷ きっかけ

> ・高校の授業で、学校の近くにある企業を訪問して、商品開発について学ぶ授業があった。
> ・その企業はスカーフを扱っていた。若い人たちのアイデアが欲しいということで、授業を通してどのようなスカーフだと多くの人に手に取ってもらえるか、企業の方の指導のもと、商品開発の会議に参加してアイデアを出し合った。
> ・その会議を通して、商品開発や企画、販売ルートを考えることが面白いと思った。

実際に取り組んだ過去の経験がメモに追加されていますね。

なぜ経営学に興味を持ったかが具体的になり、より「思い」がこもった文章になりましたね。自分の「思い」を見つけるためにも、とにかく手を動かして、言葉にしていくことが大事なんです。また、自分では「これは使えない」と思っていても、他人からすれば光って見えることだってあります。メモをもとに、先生に意見を聞いてみるのもいいかもしれませんね。

将来の夢・目標

志望理由書の構成例の中でも特に重要なのが、第1段落にあたる書き出しの部分です。将来の夢や目標をうまく文章化して、読み手に熱意が伝わる書き出しを目指しましょう。

将来を思い描く
ことが大事

将来の夢や目標を考えてみよう

❶ 将来の夢・目標　◀◀◀ ⎰志望理由書の書き出しを考えていきます。
❷ きっかけ　　　　　　▶ **将来、どのようなことを目指しているのか**
❸ 課題分析・解決手段　　▶ **そのためにはどの学部・学科に進学して何を学びたいのか**
❹ キャリア　　　　　　⎰この2点について、考えを深めて文章化していきましょう。
❺ 大学での学び

 志望理由書を書くときに必ず意識してほしいのが、**審査をされるもの**だということです。出願書類として提出するわけですから、当然ですね。これを肝に銘じて取り組んでください。

 はい、大学の先生方やアドミッション・オフィス（入学事務局）の人たちに納得してもらえるような文章を書かなくてはいけないということですね。

 志望理由書を審査する人たちが何を知りたいのかというと、志望者が大学で学びたいことを明確に示せているかどうかです。それを示すためには、まず第1段落で自分自身の**夢や目標**を伝えることが大切です。夢や目標のために「**進学先で何を学びたいのか**」「**進学を目指す学部・学科で何に取り組みたいのか**」が志望理由書の書き出しになります。

 夢や目標かぁ……。まだ決めなくていいやと思っていたけれど、そろそろ方向性をはっきりさせないと学部・学科を決められませんね。

 将来の夢や目標なしでは、そもそも志望理由書を書き始めることができませんし、なぜその学部・学科で学びたいのかという熱意を伝えることもできませんからね。

まずは「大学名」より「学部・学科」を決めよう

 進学を考えるとき、真っ先に「どこの大学に行くか」を決めようとする受験生が多いのですが、大学に進学するということは、**学部・学科に所属する**ということです。夢や目標を実現するために、まずはどの学部・学科に所属するのかを考えましょう。

 第1章でも、大学より先に学部・学科を調べましたね。ついつい、「早く志望校を決めなくちゃ……」と焦ってしまいますが。

 焦る気持ちはわかりますが、夢や目標がはっきりしないと学部・学科は決められませんし、学部・学科が決まらないと大学も選べませんよね。
ここで、自分と向き合うワークシートに取り組んでみましょう。
まずは将来の夢や目標を考え、そのためにどの学部・学科で学ぶのかを考えます。
ぼやっとしている目標も、手を動かして書きこむことでどんどんはっきりしてくるはずです。

ワークシート30

◎ 将来の夢や目標を考え、書き出しましょう。

◎ その夢や目標を実現するために、所属すべき学部・学科を書き出しましょう。

▶ 将来の夢や目標

> はっきりとしていない目標でもいいので、今の時点での思いを書こう!

▶ それを実現できる学部・学科

> 夢を実現できる学部・学科はいくつかあるはず!色々なパターンを調べてみよう。

 将来の夢や目標とまではいかないのですが、この前、大学のオープンキャンパスでマーケティングについての公開講義を聞いて、とても興味深かったので、その方向で書いてみよう。経済学部の講義だったので、実現できる学部は経済学部かな?

 マーケティングを学びたいというのは、立派な目標なのでいいと思いますよ。ただ、学部・学科についてはよく調べましたか? 経営学部や商学部にもマーケティング学科がありますよ。また、国際マーケティング学科というものもありますね。

 あ、ほんとだ。経済学部だけに限定して考えてしまうところでした。

学部・学科はよく調べて選択しましょう。選択を間違えてしまうと、志望理由書に書いていることとずれてしまいますし、それで合格できたとしても、モチベーションが続かなくなってしまうかもしれませんからね。さて、では「夢や目標を叶えるために、その学部・学科を選んだ」ということを、文にしてみましょう。

ワークシート31

✏ **ワークシート30で書いた将来の夢や目標と選んだ学部・学科をまとめて文にしましょう。**

記入例1） マーケティングに興味を持ち、詳しく勉強したいと思ったから、経営学部のマーケティング学科を選んだ。

記入例2） 看護師になりたいという夢があるので、看護学科に進もうと思った。

← メモの段階から一歩進めて、文にしてみよう！

実際の志望理由書には、進学先で何をどう学ぶのか具体的なビジョンを示さなくてはいけませんが、軸さえ決まれば、それをふくらませていけばいいですからね。

僕の場合は、マーケティングやそれを学べる学部・学科について調べていくなかで、目標をはっきりさせていけばいいんですね。マーケティングとひと口に言っても、学ぶことはたくさんありそうだったので「特にどんなことを学びたいのか」を突き詰めて考えれば、それを突破口に色々決められる気がします。

その調子です！　大学というのは真理探究の場であり、社会で通用する技能や発想力を習得する場でもあります。このことを踏まえて、第1段落に書くべきことをさらに整理していってみましょう。

🔊 **point**

▶ 将来、目指している職業や仕事（＝夢や目標）があって進学を目指す人
➡ 夢や目標は何か、その実現のために志望する学部・学科でどう学ぶのかを書く
▶ 大学で学びたいことがあって進学を目指す人
➡ 志望する学部・学科で特に重点を置いて学びたい専門分野を調べて書く

フムフム

例文を見ながら書いてみよう

自分の夢や目標を書く前に、志望理由書の書き出しの例を見てみましょう。これらは、実際に受験生によって書かれた文章です。

生徒の記入例１）　国際文化学部志望

> 私は貴学で欧米を中心に、様々な国の言語や文化を学びたい。ライフプランの描き方をはじめ、欧米の人たちの価値観や、考え方の背景にある文化や環境について深く学びたい。

生徒の記入例２）　経済学部志望

> 私は企業経営と戦略に精通し、企業の発展に貢献する税理士を目指しています。そのために貴学経済学部で、税務はもちろん、事業戦略をサポートする役割も果たすことができるよう、税理士の資格取得だけでなく、多角的に学んでいきたいです。

生徒の記入例３）　栄養学部志望

> 私は将来、人と人のつながりを大切にして、人に愛される栄養士になりたいです。子どもたちにとって、学校給食で栄養を満たすことは重要であり、その給食を担う栄養士として責任を果たせるように貴学の栄養学部で学びたいです。

なるほど。自分が学びたいことや将来やりたいことを示して、そのうえでどう学びたいのか、その夢に向けて何を学ぶべきかを掘り下げて書けばいいんですね。夢や目標についても具体的に書いてあるので、熱意が伝わってきます。

そう、熱意が伝わるように書くことが大事です。
では、ワークシート31で書いた文に肉付けをして、志望理由書の第１段落にあたる、❶ **将来の夢・目標**を書く練習をしてみましょう。まだはっきりとしたことは書けないという人もいるかもしれませんが、第３講で取り上げた生徒の記入例やワークシート28・29で取り組んだことを参照しながら、とにかく書いてみましょう。まだ決まっていないことは、〇〇と空欄にしておいても大丈夫。夢や目標と、それを実現するために志望する学部・学科で何を学びたいのかを示す努力をしてみましょう。

ワークシート32

📝 **上記の生徒の記入例を参考にして、自分なりに志望理由書の第１段落を書いてみましょう。**

進学先で特に専門的に学びたいことは何か、
将来の夢のためにどう学ぶべきかなどを考えながら書いてみよう！

きっかけ

　将来の夢や目標にたどり着いた「きっかけ」は、志望理由書を構成する要素の一つです。過去の原体験と大学での学びをつなぐ重要な役割を担っていますから、「思い」をこめて文章にまとめましょう。

志望理由を
掘り下げよう

きっかけを考えてみよう

❶ 将来の夢・目標 ┐　進路の起点となる「思い」を伝える方法を考えていきます。
❷ きっかけ ◀◀◀ ┤　▶ その進路を目指すきっかけとなった印象的な体験はないか
❸ 課題分析・解決手段 ┤　▶ そこから何を学んだか
❹ キャリア ┤　▶ それが大学での学びとどうつながるか
❺ 大学での学び ┘　これらを文章化していきましょう。

志望理由書を構成する要素の中で、**「きっかけ」**がいちばんイメージしやすいのではないでしょうか。なぜその進路を目指すことにしたのか、なぜ志望する学部・学科に関心を持つようになったのか。志望理由書には、そうしたきっかけや動機の説明が必要です。

僕は、オープンキャンパスで受けた講義がきっかけで、マーケティングに興味を持ちました。これを書いていけばいいんですよね？

それだけでは弱いので、もう少し深く考えてみましょう。色々な講義があるなかで、その講義を選んだ理由は何ですか？

うーん……。僕はもともと、マーケティングというものに興味があったのかもしれません。スーパーやコンビニで、「この商品は、レジ横に置いたほうが売れそうなのに」とか、「このお店は、他の店舗より新商品を取り扱うのが早いな」とか考えながら買い物するのが好きで。

このように、「どうして？」「なぜ？」と深掘りして考えてみることで、自己分析ができてきます。ここで、最初のワークシートに取り組んでみましょう。p.58のワークシート28で確認した内容を踏まえて、自分がその進路を目指すようになったきっかけを、思いつく限り書き出してみてください。

✎ 志望する学部・学科を目指すことになったきっかけについて、自由に書き出しましょう。

自分の「思い」を
大切にしよう

 思いつくことは全部書いてみよう!

「きっかけ」はどこまで書くの?

 どうでしたか? 「きっかけ」は主に「思い」の観点から書く要素ですから、志望する学部・学科に熱意を持っているならば、いくらでも書けそうな気がしませんか? ただ、ここで一つ注意してほしいことがあります。それは、「きっかけ」というのは、**客観的に評価するのが難しい**ものだということです。

 確かに、言われてみるとそうですね。「こういうきっかけならプラスに評価する」というような評価基準を作るのは難しい気がします。ということは、何を書いてもあまり評価は変わらないですか?

 いえいえ、そんなことありません。そうですね、例えば自分が志望理由書を審査する立場だとしましょう。保育士・幼稚園教諭を目指している受験生が、きっかけに「子どもが好きだから」と書いていたら、どう思いますか?

 保育士や幼稚園教諭を目指すんだから、「子どもが好き」なのは当たり前なんじゃないかなぁ、と思います。

 そう、特定の学部・学科や仕事を目指す受験生にとって、それが「好き」というのは当たり前なんです。志望理由書として書く以上は、他の要素と関連させながら、もう少し突き詰めて書く必要があります。

 それで、僕の「マーケティングに興味があったから」という理由も、志望理由書に書くきっかけとしては、ふさわしくないというか、弱かったんですね。

 書いてはいけないというわけではありませんが、もう少し深掘りしてブラッシュアップしたほうが、より魅力的な志望理由書に近づきます。

自分自身の体験を分析しよう

 どのようにブラッシュアップしていけばいいんでしょうか?

 これまでの自分の活動を振り返り、志望する学部・学科を目指すようになった**印象的な体験(＝原体験)**がなかったかを考えてみてください。もしそういう体験があれば、具体的なエピソードを交えて、そこから何を学んだか、それがどう進路とつながっていったかを掘り下げて書くといいでしょう。

 原体験かぁ……。急には浮かばないです。

 時々、志望理由書に書くために、ボランティアなどの社会活動やインターンシップなどの職業体験に参加する人もいるようですね。

 えっ、でもそれって本末転倒ですよね。課外活動やボランティア活動、部活動など過去の体験から、将来目指すものを見つけるのが本来の流れではないでしょうか。

 それができればベストですね。でも、「何も思いつかないから、何か行動を起こしてみる」という姿勢は、アリだと思いますよ。何事も、やらないよりはやったほうがいいですから。行動を起こしたことで本当にやりたいことが見つかることだってあるかもしれません。まあ、そういうやり方もあるということだけ覚えておいてください。
では話を戻して、次のワークシート34でこれまでの自分の活動を振り返ってみましょう。その際、以下の **point** や pp.58〜60で取り組んだワークシート28・29を参考にしましょう。

point

▶ **進路を選んだ「きっかけ」を、具体的な体験から考えていく。**
　・エピソードを交えながら書いていく
　・「好き」「嬉しい」「面白い」「憧れ」といった**単純な感情**は避ける
▶ **自分自身の原体験を掘り下げて書く**
　・志望する学部・学科、職業に**つながる体験**があるか
　・**課題研究や探究学習**などで取り組んだ経験があるか

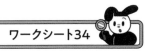

◉ 自分自身がこれまで取り組んできた活動を書き出していきましょう。

▶ これまで取り組んできた活動

学校の勉強	特に力を入れた教科は？	
部活動	部活動名は？	
生徒会、委員会	委員会名、役職名は？	
ボランティア、インターン	活動内容は？	
学校行事	行事名は？	
学外活動	グループ名、活動内容は？	
趣味	趣味の内容は？	

◉ 上記の中から、志望する学部・学科と関連性が高いものを書き出しましょう。

◉ それがどのように大学での学びにつながるのかを考え、書きましょう。

▶ 志望分野と関連性が高い活動、大学での学びとのつながり

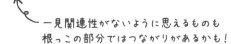

一見関連性がないように思えるものも
根っこの部分ではつながりがあるかも！

◉ 上で書いたことを踏まえて、特に印象に残っている原体験のエピソードを書きましょう。

◉ そこから得た気づきや学びを書き出しましょう。

▶ 原体験のエピソード、気づきや学び

原体験が思いつかない場合は、志望する学部・学科について調べていくなかで、
特に関心を持つようになったものを書き出してみよう！

独自の体験で差別化を図ろう

 推薦入試では、「部活動で全国大会に出場した」「コンクールに応募して入賞した」などの経験があれば有利ですよね?

 確かに、そうした経歴がアピール材料になることはあります。推薦入試には合否がある以上、他の生徒よりも抜きん出た経歴は大きな武器になりますからね。ただ、特別な経歴がなくても、他の受験生との差別化を図ることはできます。**自分が取り組んできたことや行動してきたことから、何を考え何を見つけたのか、そのプロセスを伝える**だけでも、十分に独自性を持たせることができるんです。

 そっか。結果より過程が大切だということですね。

 その通りです。では、前ページのワークシート34を踏まえて、❷ きっかけの要素を書く練習をしてみましょう。次のページに生徒の記入例を掲載しておきますので、参考にしてみてくださいね。

ワークシート35

📝（1）原体験になったエピソードを、自分のことを知らない相手にも伝わるように書きましょう。

▶ 原体験のエピソード

そのときの状況、自分自身がとった行動や考えたことを具体的に説明しよう!

_____

_____

_____

_____

📝（2）志望する学部・学科について調べたことにより、さらに深く関心を持つようになったテーマやトピックを書き出しましょう。

▶ 深く関心を持ったテーマやトピック

_____

_____

_____

_____

✎ (3) (1)や(2)で書いた内容とのつながりやプロセスを意識しながら、学んだことや取り組むべき課題を書き出しましょう。

▶ 学んだことや取り組むべき課題　　　　実際に行動したことがあれば、それも書こう！

生徒の記入例１）　国際文化学部志望

(1) 高校で国際交流員を務めた。他国の同世代の学生と交流活動を行う機会があった。簡単な日本語を使っての手紙のやり取りをして、お互いに自分の国の好きなところを教え合ったり、自国での流行を教え合ったりした。高校生活を通して、アジア圏の国々に親しみを感じるようになった。

(2) 高校で実施されている「アジア研究」という活動に参加した。アジア圏のことについて様々な面を学び、ボランティアで来てくれた大学生と意見交換をしながら、１年次は「少子化対策における日本とシンガポールの比較」というテーマに取り組んだ。２年次には、「新型コロナの封じ込めに成功した台湾と日本との決定的な違いは何か」というテーマで研究を行った。

生徒の記入例２）　経済学部志望

(1) スーパーで買い物をするとき、目立つように置かれている商品とそうでない商品があり、どの商品を売ろうとしているのか、SNSで口コミに上がってくる商品はどのように扱われているのかが気になっていた。

(2) 校内の進学説明会で「経営学」の話を聞き、商品の販売や流通などを扱う分野であることを知り学びたいと思った。

生徒の記入例３）　保育・児童学部志望

(1) 保育園で困ったことがあったときに、先生が優しく声をかけてくれて勇気づけられた。小学生の頃から自分より小さな子どもと遊び、面倒を見ることが好きだった。保育体験に参加した。

(3) 保育体験では、子ども同士がケンカを始めてしまったのを落ち着かせることができなかった。そのあと、保育園の先生が見事にまとめたのを見て、すごいと思った。どんな子どもでも分け隔てなく触れ合う方法について、大学で勉強したいと思った。

きっかけの要素は、特に書きたいことがたくさんあったかもしれません。志望理由書には書き切れないけれど、熱意や適性を伝えるのにふさわしいと思えることは、**面接試験用にとっておきましょう。**実は、志望理由書の準備をしっかりするということは、面接試験の準備にもなっているんです。

課題分析

　志望する分野の現状や問題点を、どのくらい知っていますか？　話題の論点に触れたり、データを引用したりして「課題分析」することで、スムーズに「解決手段」につなげることができます。

志望分野の現状を把握しよう

❶ 将来の夢・目標
❷ きっかけ
❸ 課題分析・解決手段 ◀◀◀
❹ キャリア
❺ 大学での学び

❸ 課題分析・解決手段のうち、「課題分析」を説明します。
▶ 志望分野の現状を把握する
▶ 現状から問題点を見つける
▶ 問題にどう向き合っていくかを考える
これらを確認していきましょう。

第5講では、志望分野を目指すことになったきっかけについて、自分の体験の面から考えてきました。でも、それ以外に**世の中の動き**が影響している場合もありますよね。
　次の記入例を見てください。これは、介護福祉士を目指して社会福祉系の学部を受験する生徒が書いた志望理由書の一部です。

生徒の記入例）　介護福祉士志望

　近年では急激に高齢化が進んでいるため、高齢者に対する介護の人手が足りなくなると思い、少しでも高齢者の手助けをして社会の役に立ちたいと思ったのも介護福祉士になろうとした理由の一つです。

現代日本が抱える高齢化問題がきっかけの一つだと書かれていますね。

今の日本は高齢化が進んでいて、福祉分野での介護士不足が問題になっています。このような日本の現状を見て、この生徒は問題意識を持つようになり、自身も介護福祉士になって、社会に貢献したいと考えたわけですね。
　今回は、このように**志望する学部・学科やその分野の現状から、論点となることを発見する**作業に取り組みます。論点ときっかけを結びつけることで、その分野への強い興味を示すことができ、説得力のある志望理由書になります。

ナルホド

現状から論点を探究しよう

 論点といっても色々ですよね。何をとっかかりにすればいいんでしょうか？

 まずはインターネットなどを使って、**調べやすいこと**から調べてみましょう。例えば「英会話を通じたコミュニケーションができるようになって嬉しかった経験から、外国語学部に興味を持った」というきっかけであれば、「日常的に英語を話す人や国の数」を調べてみて、その結果から気になるキーワードや出来事をさらに調べて……と進めていくと、どんどん深く調べていくことができますよ。

 自分から積極的に調べていく姿勢が大切なんですね。外国語といえば、会社内で使う言葉を英語にした日本企業があることや、小学校で英語の授業が始まったことなどがニュースになっていました。

 ニュースや学校の先生から聞いた話をもとに調べていくのもいい方法ですね。調べていくと、問題点をまとめているサイトや書籍を見つけることができますよ。さて、ではここでワークシート36に取り掛かりましょう。

ワークシート36

🖉 **志望する分野について、現在の状況を調べてみましょう。**

▶ 志望分野の現状

> ニュースで見たこと、学校で聞いたこと、
> 本で読んだことなどから、現状を探ってみよう！

🖉 **調べた内容について、気になるキーワードや出来事を見つけて、さらに深掘りしましょう。**

▶ 調べたなかで特に気になること

> わからない言葉が出てきた場合は、
> その意味をちゃんと調べてみよう！

興味のある分野や学部・学科について現状を知り、深掘りして調べていくことで、そこにどのような問題があるかを発見できるんですね。自分で思いつくこともありそうですが、サイトや書籍で取り上げられているのを見て共感することもありそうです。ニュースや新聞、討論番組やドキュメンタリー番組なども、ちゃんと見なくてはいけませんね。

 「きっかけ」になったことからより深く調べて、その学部・学科に強く興味を持っていると示すことができれば、**志望理由書に説得力が出る**し、何より自分自身の学びたいという気持ちも強くなるはずですよ。次に、志望分野に関連する話題のなかから論点になっているものを調べ、そこに注目した理由を考えていきます。次の記入例を見てみましょう。

生徒の記入例）　経済学部　経営学科志望

▶論点

現在の日本は格差社会に陥っている。

▶理由

経済格差は個人の生活だけではなく、教育など社会全体にも様々な問題を引き起こすから。

 この例では、日本が現在、格差社会に陥ってしまっているという状況を取り上げています。この理由は「きっかけ」にもつながりますね。これを参考にしながら、ワークシート37に取り組んでみてください。

ワークシート37

🖊 **志望する学部・学科に関連する話題のなかから、関心のある論点を挙げましょう。**
🖊 **その論点に注目した理由も、あわせて書き出しましょう。**

▶志望する学部・学科

（　　　　　　　　　　　）学部　（　　　　　　　　　　　）学科

▶論点

▶理由　　　　　　　　　　　　　　きっかけにつながるような理由を書こう！

ここでも
掘り下げが大事

具体的なデータを引用して問題を掘り下げよう

新聞やニュースではもちろん、ドラマや映画などのエンターテイメントにおいても、「格差社会」はよく目にするトピックですね。こうした問題に真剣に取り組むためには、実態に目を向けるということが大事になってきます。大学で勉強するためにも、問題の表面的な部分だけでなく、より具体的な内容を調べていく必要があります。次ページのワークシート38では、さらに問題を掘り下げて調べますが、先に生徒の記入例を見てみましょう。

生徒の記入例） 経済学部　経済学科志望

▶ 特に問題になっている論点

格差社会の中でも特に、 男女の経済格差が大きな問題になっている。

▶ 内容を掘り下げて説明

　厚生労働省の調査によると、 男性と比べた女性の現在の給与は、 25年前の約60％から約70％へと確実に差が縮まってはいるが、 未だに7割の水準に留まっている。
　女性の正規雇用が少ない分、 多いのがパートタイム労働者であり、 女性の4人に1人はパートタイム労働者で、 パートタイム雇用全体の4分の3は女性が占めると言われている。
　特に既婚女性にその率が高く、 子どもを持つとさらに高くなる。 これでは、 男女平等という憲法の理念を実現できていないうえに、 社会の不都合を女性に押しつけた状態を奨励することになってしまう。

現状や論点を説明する場合、この例のように**具体的なデータを引用する**ことで、現状に対する問題意識が明確になり、説得力が出ます。志望理由書として、模範的な記入例となっていますね。この例や以下の point を参考にしながら、次ページのワークシート38に取り組んでみましょう。

point

▶ 志望分野に関連した社会的な状況に注目する

▶ 志望分野で話題になっていることを調べたり考えたりする際には、インターネット検索や書籍などを活用する

▶ 調べた内容を志望理由書などの文書に反映させる場合、特に専門家が書いていることや話していることに注目し、内容やデータ（数字）を引用して、自分の問題意識を明確化する

📝 ワークシート37で書いた論点について、さらにそれがどのような点で問題になるのかを書き出してみましょう。

▶ 特に問題になっている点

_____

_____

_____

📝 上で書いた問題点について、インターネットや書籍を用いて調べ、データを引用しながら説明しましょう。

▶ 内容を掘り下げて説明　　　　　　　　総務省統計局をはじめ、多くの機関が様々なデータを
　　　　　　　　　　　　　　　　　　発表しているので活用しよう！

_____

_____

_____

_____

_____

_____

具体的なデータを
盛りこもう

問題にはどう向き合っていくの？

 ここまで、志望分野の現状を把握し、論点を掘り下げていくという作業に取り組んできましたが、やってみてどうでしたか？　こうした作業から、将来目指す仕事で何を成し遂げるべきかという目標が見えてくるかもしれませんし、大学で何を学ぶべきかを見出すことができるかもしれませんね。

 具体的なデータを引用するというのが、少し難しかったです。問題にぴったり合うようなデータをなかなか探せなくて、苦労しました。

 最初は難しいかもしれませんね。最新の時事問題を扱った書籍などを見ると、一緒にデータが掲載されていることが多いので、参考にしてみてもいいかもしれません。

 はい、探してみます。ここでは調べ物を中心に取り組んできましたが、自分が学校生活の中で体験したことや取り組んできたことから考えてもいいんでしょうか。

もちろんです。学校だけでなく、社会生活の中で取り組んだことから考えても大丈夫ですよ。部活動で学校外の人と関わる活動をして、そこから問題点に気づいたという人もいるかもしれませんね。

それでは、これまで調べてきた現状と論点を踏まえて、それらに対してどう取り組んでいくのか、もしくは大学でどう学んでいくのかを、次のワークシート39でまとめてみましょう。問題の解決手段については次の第7講でじっくり取り組みますが、すでに何かアイデアがあれば、ここに書いておいてください。

ここでも具体的なデータを使って書いたほうがいいのですか？

そうですね。使えるデータがあれば積極的に取り入れていきましょう。

📝 ワークシート38で掘り下げた内容を踏まえて、その問題にどう取り組んでいくのか、大学でどのように学ぶのかをまとめましょう。

記入例）

> 英語話者の8割近くにあたる約14億人が非ネイティブであり、私自身が外国語として英語を学ぶ人間であるため、ネイティブではない人間が英語を学ぶ際の注意点を考えて学ぶようにしたい。

▶ 問題へどう取り組むか、大学でどのように学ぶか

問題との向き合い方を
自分なりに書いてみよう！

解決手段

「課題分析」を受け、課題に対する「解決手段」を志望理由書に盛りこみましょう。志望する分野について理解を深めながら、自分の言葉で提案するように心がけてください。

自分なりの解決手段を
見つけよう

問題の解決手段を提案しよう

❶ 将来の夢・目標
❷ きっかけ
❸ 課題分析・解決手段 ◀◀◀
❹ キャリア
❺ 大学での学び

❸ 課題分析・解決手段のうち、「解決手段」を説明します。
▶ 問題の解決手段を考える
▶ 解決手段を実現させるにはどう動き、どう学ぶべきかを考える
現状を変え、問題を解決するための手段を見出しましょう。

第6講では問題や論点を挙げて、その問題とどう向き合っていくかまでを考えましたが、それだけでは志望理由書に書く要素として不十分です。今回は、**問題の解決手段を提案する**段階まで進みます。少しでも解決に導いていかないと、ただ問題意識をアピールしただけになってしまいますからね。

でも、受験生が思いつくような解決手段なんて、これまでに提案されつくしているんじゃないでしょうか？

そうですね。昔からある問題点については、解決手段が見つかっているものや、もうすでに解決されているものもあります。でも、それとともに**新しい問題**もどんどん生まれてきています。何か一つよくなっても、また別の問題が出てきてしまうのです。

なるほど。もう解決した問題でも、付随して新しく生まれた問題に注目して、その解決手段を探るとか、自分なりの提案を考えればいいんですね。

その通りです。もし、すでに解決手段のアイデアを何かしら見出しているならば、それを実行するための方法や、自分の物事の考え方が妥当かどうかを知るために、大学で学ぶ意義があると言えますね。また、解決手段を考え出すために大学で学ぶ、という方向性でもいいですよ。

合格者の答案例からイメージしよう

 言葉で説明するだけではよくわからないと思うので、実際の答案例からイメージをつかんでみましょう。少し長文になりますが、この文章を書いた人がどういう問題意識を持ち、そこから現状や論点をどう調べ、どのように解決手段へと導いていったのかを意識しながら読んでください。

生徒の記入例１）　総合政策学部系統　―合格者答案―

…（略）

　現在の日本は、情報化や科学技術の高度化もあって、子どもが外で体を動かす機会が減ってきている。山梨大学の中村和彦先生の調査によると、子どもが外で体を動かす時間は、50年前は1日平均117分だったのに対し、現在は52.5分と半分以下にまで減少している。そこには、塾や習い事に通うことによる遊ぶ時間の減少、少子化による兄弟数の減少、テレビゲームでの一人遊びの増加といった問題があると考えられている。

　さらに、宅地開発等による都市化やそれに伴う交通量の増加、そして、公園での「ボールの使用禁止」が増加したことで、子ども達の気軽なスポーツや遊びの場が奪われた。…（略）…また、スポーツを積極的にする子どもと、しない子どもの二極化も現在問題になっている。家族などの身近な人に影響を受け、スポーツを始める環境に恵まれた子ども達がいる一方で、スポーツを始める機会や環境に出合えず、スポーツをすることに対して興味や意欲を持つ機会に巡り合えない子ども達もいる。確かに現在、小学生対象のサッカークラブや野球クラブがそれぞれの地域で活動しており、特にサッカークラブは1年間に平均100チーム近く増えているほど、全国的に普及している。しかし、それらは競技スポーツとしての性格が強く、気軽にスポーツをするという趣旨ではないため、ハードルが高い。

　そこで私はクラブチームと公園での遊びの中間に位置するような組織を創り、子ども達にスポーツを楽しむきっかけを与えたいと考えた。なぜならば、スポーツは子ども達の心身を健全に発達させ、健康を維持していくだけではなく、ライフスキルを身につけることができるからだ。「子ども達が一方的な指導を受けるのではなく、自発的に考え行動し、ライフスキルを身につける組織創り」を目指したい。

…（生徒の記入例２に続く）

 この答案では、子どもの運動不足という現状を引き起こしている要因の一つが社会環境にあると考えています。そこで専門家の調査をベースに現状をとらえ、自分なりに調べた成果を反映し、「スポーツを始める機会やそれを支える環境がない」という**論点を発見**し、最後に**解決手段となりうるこれからの目標**を見定めていますね。

 すごくわかりやすくて、説得力のある文章だと思いました。

 そうですね。では、具体的にどういうところが説得力があったのか、この答案例の見習うべきところを考え、言葉で説明してみましょう。

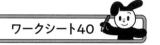

◎ 生徒の記入例1のよいところ、自分の答案に取り入れるべきだと思った点を書き出しましょう。

▶ 生徒の記入例1の見習うべき点

_____

_____

_____

_____

_____

 第1段落で先行する研究結果や具体的な数字を引用して現状を把握しているところ、第2段落で問題を深掘りできているところ、そして第3段落で自分が考える具体的な解決手段を提案できているところが、説得力につながっていると思います。

 うん、ていねいに読み解くことができましたね。第1段落や第2段落でしっかり調査を積み重ねているからこそ、第3段落にある解決手段が説得力を持つんです。では、先ほどの答案の続きを見てみましょう。

生徒の記入例2） 総合政策学部系統 ―合格者答案―

（生徒の記入例1より続く）…

　それを実現するために、〇〇大学ではまず、△△准教授のライフスキルとコーチングの研究会で、ライフスキルを得るための効果的な教育方法について、スポーツを通して得られるライススキルがどのような場面で役立つのかを学び、理解を深めたい。△△准教授は「自ら考える環境を作り、考え行動する力を養わせる」ということが研究の礎になっていると述べられている。また、□□教授のもとで組織を創り、維持していくための自治体や企業、地域との関わり方について学びたい。特に、□□教授のプラットフォーム設計では「強いコアと弱いつながりを備えた組織や空間、仕組みづくり」が理念として掲げられている。このような理念を掲げられる△△准教授と□□教授の研究方針は、私が目指す組織づくりと相通ずるものがあるため、お二人のもとで教えをいただきたい。地域の理解を得、そしてそこに自発性に基づき行動する組織を創り、子ども達に成長の場を提供するための方法を探究したい。

 志望校に在籍している先生方や先生方が研究している内容までしっかりと把握できていて、すごいと思います。ここまで書かないといけないんですね。

 志望理由書を作成するときは、自分の頭で考えることが大前提なんですが、それを支える材料となる知識は、どんどん調べなくてはいけません。自分の考えを核にして、調べたことを肉付けしていく感じですね。
では、**生徒の記入例2**に関しても、同様のワークシートに取り組んでみましょう。

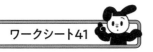

ワークシート41

◎ 生徒の記入例2のよいところ、自分の答案に取り入れるべきだと思った点を書き出しましょう。

▶ 生徒の記入例2の見習うべき点　　　　　↙ 生徒の記入例1と2を両方踏まえて書いてもOK!

すこしずつ
積み重ねていこう

現状・論点・解決手段はどうやって考えるの？

志望校の先生方や研究内容をきちんと調べられているからこそ、その大学に進学したいという本気度が伝わるように感じました。これだけの内容を全部自分で調べて書く必要があるんですね。正直いって、大変そうです。

だから、こうやって少しずつ調べながら準備してきているんです。何もないところから調べるよりも楽なはずですよ。こうした内容は知識があれば書けるものです。つまり、**調べさえすれば書くことができる**のです。これまで学校の内外で実施されてきたガイダンスや説明会で聞いた話、ニュースや新聞を見て関心を持った話題、その分野について知ろうと思って読んだ本やインターネットでの情報を整理して、うまくまとめていけば大丈夫です。

確かに、これまで調べてきたことで、書く材料になりそうなものはたくさんあったと思います。

このあたりで、これまで調べてきたことを一度見返してみるといいかもしれませんね。では次のワークシート42で、これまでの振り返りもしつつ、❸ **課題分析・解決手段**の要素を書く練習をしていきましょう。その際は、参照した資料も明確にしながら取り組みましょう。

ワークシート42

◎ これまで調べてきたことを振り返り、課題分析・解決手段を書くために必要な資料を挙げていきましょう。

▶ 大学のパンフレットや資料

（　　　　　　　　　　）大学　（　　　　　　　　　）学部　（　　　　　　　　　　）学科

資料名:（　　　　　　　　　　　　　　　　　　　　　）　↙ これまで調べてきた資料の中から
　　　　　　　　　　　　　　　　　　　　　　　　　　　　　使えそうなものを書き出そう！

▶ 大学ホームページ

| (|)大学 | (|)学部 | (|)学科 |

URL:( )

▶ 新聞記事

| (|)新聞 | (|)月 | (|)日 | (|)面 |

見出しタイトル:( )

▶ 書籍

書籍名:( )　著者名:( )　出版社:( )

▶ その他、参考にした資料

◎ 上で挙げた資料から、志望分野で話題になっている問題をピックアップしましょう。

記入例）　児童虐待の問題

▶ 志望分野で話題になっている問題

◎ 上でピックアップした問題に関連して、現状と論点をまとめましょう。

記入例）

現状：令和3年度中に全国225か所の児童相談所が児童虐待相談として対応した件数は207,600件で過去最多となっている。虐待による死亡事例は令和2年から3年の1年間で66件、死者数が77人、およそ1週間に1人の割合で子どもが命を落としていることになる。
論点：児童虐待は周囲の人間や行政が探知しにくい問題であるため、統計データとして顕在化する数値は、児童虐待という深刻な問題の氷山の一角を示すものである可能性が極めて高い。虐待被害児童の割合は小学生以下が最も高く、証言能力がない、虐待者からの報復等を恐れて虐待の証言をしない等の背景があるからだ。

▶ 現状　　　　　　　　　　　　　　先行研究や具体的なデータを盛りこもう

▶ 論点

📝 上で書いた論点に対する解決手段を提案する文章を書きましょう。

記入例)

> この問題に関わるすべての者が、当事者の児童が心の中に抱えている問題に耳を傾けることが必要である。親や育児に関わる者が抱える悩み、障害を把握し、ともに改善していくことで、心のゆとりにつながる。その第一歩として、子どものそばに大人が寄り添い、話に耳を傾け接することで信頼関係を構築していく取り組みなどが必須であると考える。また、児童虐待は、経済問題等の他の社会問題と複雑に絡み合っていることも多いため、解決策として多面的なアプローチが必要である。だからこそ、これらの課題に網羅的に取り組むためにNPO法人を組織したいと考える。

▶ 解決手段　　　　　　　解決するためにどう動くか、どう学ぶかなどを書き出していこう！

📝 現状と論点、解決手段を書いてみて、書くことが難しいと感じた部分、内容に説得力がないと感じた部分があれば書き出し、その原因を探りましょう。

📝 今後どう取り組めば説得力のある文章になるか対策を考え、書き出しましょう。

▶ 原因　　　　　　　　　　うまく書けなかった原因を探り、
　　　　　　　　　　　　　どう取り組むべきかを分析してみよう！

▶ 対策

キャリア

課題を解決するために将来どうなっていたいかを表現するのが「キャリア」です。必要な資格やスキルを考えながら、理想的な将来像を思い描きましょう。

10年後の自分を想像しよう

❶ 将来の夢・目標
❷ きっかけ
❸ 課題分析・解決手段
❹ **キャリア** ◀◀◀
❺ 大学での学び

今回は、❹ キャリアの要素について説明していきます。
▶ 問題の解決に向けて、将来の計画を立てる
▶ 10年後の自分はどうなっていたいかを考える
将来の姿を思い描くことで、どう動いていくべきかが整理できます。

志望理由書を書くための準備も、終盤に入ってきました。今回は❹ キャリアの書き方を説明していきます。

キャリアというのは、「仕事」と考えればよいのでしょうか?

間違いではありませんが、もう少し広い意味でとらえたほうがいいですね。**「大学卒業後、論点に対する解決手段を実現できるようになるまでの計画」**と考えるとよいでしょう。あるいは**「10年後の自分がどうなっているのか」**を考えることかもしれません。

大学に入ってからのことではなく、大学卒業後の計画ですか? 志望理由書って、大学に入学するうえでの適性を判断するものですよね。大学卒業後の姿についてまで示す必要があるんですか?

「キャリア」は絶対書かなければならないというわけではありません。ただ、大学は教養があり、社会に貢献できる人材を育成することを求められています。ですから、志望理由書で**「大学でしっかり学んでこのような人になります」と宣言する**ことは、適性を示すための重要なアピールになるんです。

なるほど、よくわかりました。大学での学びをどう社会に活かすのか、しっかり考えてみます。

ぜひそうしてください。まずは、キャリアについて触れた答案例を見て、イメージをつかんでみましょう。

生徒の記入例Ⅰ）　社会福祉学部系統　―合格者答案―

…（略）

児童虐待問題を解決するためにも、NPO法人を組織したいと考える。その中で実現したいと考えているのが次の3点だ。

1つ目は相談ダイヤルの運用だ。現在の既存のものを改定した新しい形態を提案する。私は相談ダイヤルの実情、現場の声を聴くため〇〇チャイルドラインの代表□□氏、△△市議会議員◇◇氏に面会を申し込み、実現させた。現在は、児童相談所のみならず、様々な民間組織も相談ダイヤルを運用している。だが、1990年の最初の開設以来、運用実績の客観的データが薄く、成果を図ることが難しい。代表の□□氏も認めているように、団体自体の認知度が低い上、こうした相談ダイヤルは複数存在するが、虐待に特化した相談システムの確立、棲み分けが出来ておらず加えて開設している団体同士に横のつながりがないため、問題の共有や相互のサポートが存在しない。相談員の不足も深刻だ。また、フリーダイヤルの採用には莫大な資金がかかる。この状況下でのサポートには限界がある。

こうした問題点をふまえ、既存の形態の良さを生かした新しい相談ダイヤルを実現させたい。具体的には、児童虐待専用の24時間365日対応のワンストップ制を導入した、インターネット回線を利用する無料電話を運用する方法を採用し、いつでも電話をかけ、助けを求めることができる存在を作りたい。

2つ目にポータルサイトの開設を提案する。電話を掛けることに抵抗がある人にも利用可能なシステムとして、過去の相談事例を閲覧することができるページと、悩みを自由に打ち明けることができる掲示板ページをプライバシーの管理を徹底し、作成する。自らサイトを閲覧する仕組みだ。電話をかけることに抵抗があっても、自らサイトを閲覧し、同じ境遇にいる人の解決例を読み、交流の場である掲示板を通して、渦中にある人が感じる孤立感を拭い去ることができるようにする。サイト内には協賛企業から広告を募り掲示し、企業のクーポンなども取得できる仕組みを作る。これにより、協賛企業側、利用者側の双方に対して団体の認知度の向上、児童虐待問題の啓発につなげたい。より良い活動につなげるため、団体を知ってもらうこと、周知運動は必須であるからだ。

3つ目は、地域密着型の子どもをターゲットとしたイベントの運営だ。助けを求めに来るのを待つのではなく、大人が直接子どものコミュニティに入って声を聴く仕組みにする。その手段として、季節行事のクリスマスやハロウィンなどのイベントを地域密着型で開催する。誰でも参加可能なイベントとして子ども達の参加を促し、周囲の大人がそばに寄り添い、子どもと接する中で信頼関係を構築できる環境を設ける。関わりの中で、子どもたちが発するSOSをキャッチできる場を作り出し、家庭の中で起こる児童虐待の問題を少しでも顕在化させることが狙いだ。…（略）

先輩や尊敬する人のキャリアを参考にしよう

「キャリア」の要素には、自分が目指すことを実現するために、**どのような企業に就職するのか、どういった資格を取得するのか、どのようなスキルを磨いていくのか**といったことを書くと考えればいいでしょう。もちろん、この答案例のように、自分が一生をかけて実現したいことも「キャリア」といえます。

この答案、具体的なプランがいくつも練られていて、すごい……。こんなにしっかりしたことを自分が書けるのかどうか、ちょっと自信をなくしそうです。

この答案を書いた生徒だって、最初から書けたわけではないはずです。色々な人に会って話を聞き、現状を見て論点を考え、本を読み、推敲を重ねて少しずつ言葉にしていったのだと思います。

そもそも、全部自分でオリジナルのプランを考える必要はないんですよ。**誰かをお手本にしたり、誰かがしてきたことを参考にして考えたり**すればいいんです。

それって、パクリになってしまいませんか？

ある人のキャリアをそのまま書くことは、もちろんやってはいけませんが、いい部分を真似したり、参考にしたりする程度であれば問題ありません。大学のオープンキャンパスや説明会に参加すると、その大学を卒業して実際に働いている先輩の話を聞けることがあります。大学のホームページや説明会の動画などでも、卒業生が紹介されていることがありますね。まずは、それらを参考にして、お手本になることはないかと考えてみるのです。

では、次のワークシート43に取り組んでみましょう。参考にできそうな資料を探し、そこで紹介されている人たちが大学で何を重点的に学び、どんな経験をしたのか、現在どういった仕事をしているのかを調べて書いてみましょう。そうすることで、具体的なキャリアを思い描けるようになるはずです。

ワークシート43

🖊 お手本を探すために必要な資料を挙げていきましょう。

▶ 大学のパンフレットや資料

（　　　　　　　　　　）大学　（　　　　　　　　　　）学部　（　　　　　　　　　　）学科

　資料名：（　　　　　　　　　　　　　　　　　）

▶ 大学のホームページ

（　　　　　　　　　　）大学　（　　　　　　　　　　）学部　（　　　　　　　　　　）学科

　URL：（　　　　　　　　　　　　　　　　　）

▶ 動画

タイトルなど:(　　　　　　　　　　　　　　　) URL:(　　　　　　　　　　　　　　　　)

時間:(　　　)分(　　　)秒〜(　　　)分(　　　)秒

該当箇所の時間を書いておくと、
見返すときに便利!

▶ 書籍などその他の資料

◎ 調べた資料の中から参考になりそうな部分を書き出しましょう。

記入例)

> コンテンツ制作会社勤務　イラストレーター　20代　独立フリーランス志望
> 　イラストレーターとして、独立して仕事をしていきたいと考えている。しかし、仕事上の実績と経験がない人間がフリーランスとして働くのは難しい。そこで、まずはイラストレーターの働き方を身につけるため、コンテンツ制作会社のデザイン部門に就職し、技術を磨いている。こうした企業に就職して得られる強みは、高額な製図ソフトが自由に使え、その使い方などの技術も勉強させてもらえることだ。さらに、仕事の受注、クライアントとの打ち合わせの仕方など、まさに実務を通して学ぶことができる。このように、正規雇用の環境を生かして働き、いずれフリーランスとして働くための土台を築くために、日々働いている。

▶ お手本になりそうな先輩のキャリア　先輩が大学で学んでいたことなどもわかれば書いておこう!

大学のホームページや動画、パンフレットなどの資料を探してみたのですが、自分の目標と完璧に合う人がなかなか見つかりません。どうしたらいいでしょうか?

大学のオープンキャンパスや説明会に出向いて、相談コーナーなど、大学の教授や講師、スタッフの方たちに**直接質問できる機会を生かす**といいですよ。

そうしたいのですが、しばらくは行く機会がなくて……。

そういう場合は、まったく同じではなくても、似た分野、似た働き方をしている人を探してみるといいでしょう。あくまでもお手本にするためですから、完璧に同じ人を探さなくても大丈夫ですよ。

資格について調べよう

さらに、その分野で仕事をするうえで**必須となる国家資格や民間の資格はないか**を調べてみましょう。資格が必要な場合は、いつまでに何をそろえるのかを把握しなくてはいけません。また、資格によっては実務経験が必要なものもありますから、早めに調べておくに越したことはありません。
次のワークシート44で、資格について調べてみましょう。

ワークシート44

📝 自分が目指す仕事をするうえで、取得が必要な資格（国家資格や民間の資格）がないか調べ、取得方法を確認しましょう。

📝 働くうえで不可欠な検定がないかも調べましょう。

記入例）

ケアマネジャーになるには
①介護福祉士の資格を取得する。社会福祉系の学部で学び、卒業後は介護施設で働きながら国家資格試験を受験し、介護福祉士の資格を取得する。
②介護士として5年以上働き、経験を積む。
③ケアマネジャー試験を受けて合格し、研修を修了し、登録申請を行う。

▶ 必要な資格・検定と取得方法

必ずしも必要ではないけれど、取得しておくと有利になる資格も調べておこう！

_____

_____

_____

_____

_____

📝 目指す仕事に就くために、どのような知識やスキルを習得すべきかを書きましょう。

例）

ケアマネジャーとして必要なスキル
介護される人の気持ちを理解し、寄り添えるようになること。ご家族のサポートもできるようなコミュニケーション能力。適切なケアプランを作成する能力。

▶ 必要な知識やスキル

*将来の理想像から
逆算しよう*

キャリアプランを立てよう

 では、ここまでやってきたことを踏まえて、キャリアプランについて考えてみましょう。自分がやりたいことは何か、そのために必要な資格やスキルはどのようなものか、それを身につけるためにいつ何を学ぶべきかというように、逆算しながら考えていくといいでしょう。

 大変そうですが、未来の自分と出会えるような、ワクワクする作業ですね。楽しみながらやってみます！

ワークシート45

🖊 これからのキャリアプランを時系列に沿って整理していきましょう。

▶ キャリアプラン

現在	
大学	
大学卒業後	
10年後	
10年後より先の未来	

大学での学び

志望理由書の構成例のなかで、トリを飾るのが「大学での学び」です。カリキュラムやシラバスを調べたうえで具体的な学修計画を立て、学ぶ姿勢を最大限にアピールしましょう。

志望理由書も
いよいよ完成間近!

なぜその大学で学びたいのかを明確にしよう

❶ 将来の夢・目標
❷ きっかけ
❸ 課題分析・解決手段
❹ キャリア
❺ 大学での学び ◀◀◀

構成例のトリを飾る❺ **大学での学び**を説明します。
▶ **大学で学びたいことを明確にする**
▶ **学修計画を立てる**
❶～❺の要素がそろって初めて、「学ぶ姿勢を持っている＝主体性を持っている」ことを大学に判断してもらうことができます。

少しずつ、志望理由書に書くべき要素がわかってきましたか？ 進学したい学部・学科で学びたいことは何か、将来目指している仕事や成し遂げたいことは何か、それを実現するためには大学でどう勉強するのか。これらを整理して、志望理由書の形にまとめるのです。

自分が学びたいことがわからなければ、志望校を選んだ理由は語れないですよね。

大事なのは「**志望校で自分のやりたいことをどう実現するか**」「**何を学ぶか**」です。第9講では、この「大学の学び」に当たる部分を書けるようになっていきましょう。

特に、どういったことに重点を置けばいいんでしょうか？

まず頭に置いてほしいのは、大学というのは「学問を修める」場だということです。その大学でどのように学ぶのか、**「学修計画」を立てる**ことがメインとなります。自分の夢や実績を大げさな言葉で語っても、具体性がなければ説得力がないですよね。まず、大学で何を学ぶのか、カリキュラムを把握して、履修シラバスを見ながら**具体性のある計画を書くことに重点を置いて**ください。
また、大学が提示する３つのポリシーの中でも、特に**アドミッション・ポリシー**を確認し、自分が目指す将来像と近いものであると説明することも必要です。これは、特に総合型選抜で大事になってきます。

ナルホド

カリキュラムを把握しよう

ではカリキュラムを把握することから進めていきましょう。p.13の復習になりますが、一般的なカリキュラム例は、以下のようなものになります。

一般的なカリキュラム例

1・2年次…語学科目・情報科目・一般教養(教育)科目・専門科目(必修科目)
3・4年次…専門科目(必修科目・選択科目)・演習科目・実験科目

4年次	文系：専門ゼミ ➡ 卒業論文・卒業研究	理系：研究室 ➡ 卒業研究
ゼミ	文系1・2年次：教養ゼミ + PBL 型ゼミ	理系1・2年次：実験・実習基礎 など.

例えば、「語学科目は第一外国語を英語、第二外国語をドイツ語にしよう……」とシラバスを見ながら自分で選択していくことになります。

オープンキャンパスに参加したとき、先輩に話を聞く機会があったんですが、履修したい授業が重なってしまうこともあって、履修計画を立てるのにかなり時間がかかったそうです。

1年次は特に慣れないので、苦戦する人が多いようですね。ふつう履修計画は大学生になってから立てるものですが、それを少し前倒しして、志望理由書を作成する段階で取り組んでみてください。シラバスは、大学に入学してからガイダンスで配布されたり閲覧を指示されたりするものです。基本的には在学生が見るためのものですが、推薦入試の準備を進めている受験生でもネットなどで見ることができます。

自分が進学したい学部・学科のカリキュラムを見て、どの時期にどの講義を受けることができるのか、必ず受けなくてはいけない講義は何かなどを調べておくといいんですね。自分の大学での学びが具体的に見えてきそうです。

ではここで、志望校のカリキュラムを調べる作業に取り掛かりましょう。インターネットで、「○○大学　△△学部　シラバス」「○○大学　△△学部　カリキュラム」などと検索すると、その大学のシラバスや、カリキュラムについてまとめたページが見つかるので、それを参照しながら書き出してみましょう。p.14のワークシート4で調べたことも参考になります。

point

▶ 履修シラバスにまとめられている内容

・その学部・学科、大学で実施されている各科目の**講義計画・内容**

・各回の**講義で扱う内容**、使用する**基本テキスト**、**成績評価の方法**

◎ 志望する学部・学科のカリキュラムを書き出していきましょう。

◎ まずは、その学部・学科で学べることを書き出しましょう。

記入例） 1年次：専門科目（基礎）…少人数制の演習もあり。 2年次：コース選択。

▶ 学部・学科で学べること

大学ホームページやパンフレットなどの資料を参考にしよう！

◎ その学部・学科での学びの特色を書き出しましょう。

記入例） 自分が学びたい内容に合わせた履修モデルが複数ある。 本格的な職業体験が可能。

▶ 学部・学科での学びの特色

◎ 学年ごとの特色、コース選択の特色を書き出しましょう。

記入例） 3年次から専門性の高いゼミ（研究演習）が始まる。 大学院と連携をしている。

▶ 学年ごとの特色、コース選択の特色

▶ その他わかったことなど

貴重な機会を
活用しよう！

オープンキャンパスや説明会で質問しよう

シラバスって、学部・学科ごとに分かれているんですね。それに春学期、秋学期に分かれていて、年に2回履修登録するところが多いみたいです。必修科目をいつとるのか、単位は足りているのかなど、考えなくてはいけないことが多くて大変そうです。

だからこそ学部・学科を決めることが大事なんです。そこが決まらないと、どう授業を組み立てていいかわからないですからね。履修シラバスは大学ごとに違うので、わからないところはオープンキャンパスや説明会で質問して、解消するのがベストです。次のワークシート47で、質問したいことをまとめておきましょう。

ワークシート47

📝 **志望する学部・学科のカリキュラムについて、オープンキャンパスや説明会で確認したいことを整理しておきましょう。**

▶ カリキュラムについて確認したいこと　　　どんなふうに質問するかを書いておこう！

_____

_____

_____

📝 **オープンキャンパスや説明会で解決できたことを書きましょう。**

▶ 解決できたこと

_____

_____

_____

📝 **話を聞いたうえで、引き続き調べたり考えたりしなければならないことを挙げましょう。**

▶ さらに調べる必要があること　　　オープンキャンパスや説明会に行ったあとで忘れないように書いておこう！

_____

_____

_____

フムフム

先輩の「学修計画」を見てみよう

志望校を選んだ理由が、「自分に合っていると思うから」「オープンキャンパスや説明会に参加したときに在学生の先輩方が優しかったから」「雰囲気がよさそうだから……」これでは、ちょっと弱いですよね。**「学修計画」は志望理由書の核になる部分**です。まずは記入例を見てみましょう。

生徒の記入例）　スポーツ科学部スポーツ科学科志望　―合格者答案―

　私は貴学スポーツ科学部スポーツ科学科に進学し、救急救命士の資格を取得すること、そして高度な救助技術の習得を目指して学んでいきたい。
　1、2年次には「救急救命措置概論」を履修し、救急救命士として必要な救急救命措置の概要や知識を習得する。さらに、「救助概論」や「水難、遭難救助実習」を通して各種災害時における救助方法などを学習する。
　続く3年次には「救急医学」を履修し、救急救命士の行う特定行為や救急救命措置について様々な観点から考え、現場での任務を行えるようになることを目指す。そして4年次には救急救命士国家試験合格に向けて、そして海上保安庁への入庁に向け、国家試験対策にも取り組んでいきたいと思っている。
　私は将来、貴学での学びを生かして、救急救命士の資格を保有して、様々な災害の現場に対応し、多くの命を救っていきたいと考えている。そしてゆくゆくは、特殊救難隊の隊員となり、全国各地の災害や事故などに対応していきたいと考えている。その点、貴学では、「キャリア支援センター」で就職に関するすべてのサポートを得ることができ、就職に向けた対策がしっかりとできると感じた。また、近年国外での救助活動が少しずつ増えてきていることから、「救急措置実習E」や外国語科目の講義も履修し、国外での救助活動も行えるようにしていきたい。

第8講で「キャリア」を考えたときにも、大学でどのように学ぶのかという話になりましたが、やはりシラバスを見ないと、ここまで具体的なことは書けませんね。

志望理由書の要素すべてに言えることですが、大切なのは、**内容に具体性を持たせる**ということです。自分がその大学で学ぶ適性を持っていることを伝えるために、シラバスを活用して講義と学びたいことを結びつけ、説得力のある文章を書くことを心がけましょう。
それでは次のワークシート48で、1年次から4年次までどのように学びたいのか、志望校のシラバスを見ながら学修計画を書き出してみましょう。

ワークシート48

◎ 志望する学部・学科でどのように学びたいのか、学修計画を書き出してみましょう。

◎ まずは1・2年次の学修計画を立てましょう。一般教養科目や語学科目などを除き、その学部・学科で専門的に学ぶ内容を中心にして、どのような科目を学びたいのかを考えましょう。

▶ 1・2年次の学修計画　　　　　　現段階でわかる範囲でよいので、書いてみよう！

◎ 次に、3・4年次の学修計画を立てましょう。専門科目を中心にして、関心を持っているゼミ・研究室があれば書き出しましょう。

◎ 何を学ぶためにその科目を履修するのか、明確に書くことを意識しましょう。

▶ 3・4年次の学修計画

自分の未来に
思いを馳せてみよう

大学卒業後の選択肢を考えておこう

 ここで、大学卒業後の目標をどのように立てていくのか、改めて考えてみましょう。キャリアを書く際にも説明しましたが、分野によっては、大学卒業後のことも書かないと説得力が出ない場合があります。みんながみんな、大学を卒業してすぐに夢を叶えられるわけではありませんよね。むしろ、大学は目標に向けての第一歩となることのほうが多いのではないでしょうか。

 進路ガイダンスで知ったのですが、大学院に進学しないと受験できない資格もあるんですよね。臨床心理士とか公認心理師とか。

 そうですね。司法試験なども、大学院に進学して受験資格を得るのが一般的ですし、大学院で学ぶことにより、科目免除が受けられる資格もあります。
また、目標とする仕事に就くために、隣接分野で働きながら経験を積むという場合もあります。

 オープンキャンパスに行ったときに、その大学の卒業生がさらに進学したり、働きながら学んだりしている姿が紹介されていました。

 自分が目指す道についても、大学卒業後にどのような選択肢があるのかを考えておいたほうがよさそうですね。ではここで、第8講の「キャリア」も踏まえながら、自分が関心を持っている分野の卒業生がどのような働き方をしているのか、どんな学びを継続しているのか、大学のホームページやパンフレットなどを活用して調べてみましょう。

◎ 自分が関心を持った大学や学部・学科のホームページなどに掲載されている在学生や卒業生のインタビューを参照しましょう。

◎ 自分の卒業後を考えるうえで参考になる情報を書き出しましょう。

記入例）

> 　〇〇大学経営学部卒、工業メーカー勤務の人。4年次のゼミでは「グローバルな経営を行う日本企業の海外投資の課題」で卒業論文を作成。就職後は、海外支社勤務を経て、その企業の課題であった、他社に比べて遅れをとっている商品開発環境の改善に取り組んでいる。

▶ 参考になりそうな卒業後の進路や働き方

インタビューの中で、参考になりそうな部分を抜き出そう！

ナルホド

大学のサポート制度を調べよう

さて、次は大学のサポート制度を確認しましょう。税理士や公認会計士をはじめとした国家資格が必要な職業などは、試験に合格して資格を取得し、登録をしないと就くことができません。大学によっては、本来の講義や演習科目とは別に、こうした資格試験の対策講座を設けていることがありますので、志望校にどのようなサポート制度があるのかを調べておきましょう。事前に調べておくと、大学に入学したあとの計画に具体性を持たせることができます。特に資格試験や検定試験の勉強が必須の人は必ず調べるようにしましょう。

資格のサポートのためだけでなく、研究のために外部機関と連携している大学も多いんですね。しっかりと調べて志望理由書に反映させたいと思います。

◎ 志望する大学、学部・学科のホームページを参照し、どのようなサポート制度があるかを調べ、書き出しましょう。

記入例）

> 　税理士、会計士試験などの受験を目標とする学生を対象に、〇〇大学出身で職業会計人として活躍している税理士、公認会計士を講師として招いた「日商簿記2・3級対策講座」、所得税法、法人税法、相続税法の講義と指導が行われる課外授業「税理士特別講座」が実施されている。

▶ 志望校のサポート制度

もう一度チェック！

アドミッション・ポリシーを確認しよう

 ところで、第1章の第3講で説明した3つのポリシーのことを覚えていますか？

ディプロマ・ポリシー、カリキュラム・ポリシー、アドミッション・ポリシーの3つのポリシーのことですよね。

 正解です。志望理由書では、特にアドミッション・ポリシーについて触れる必要があると、これまでにも何度も説明してきました。将来目指しているものがあって、そのために大学でどう学びたいのかということと、大学が掲げるアドミッション・ポリシーが合致することを説明して、志望理由書に説得力を持たせるわけです。次のワークシート51では、志望校のアドミッション・ポリシーと自分の目指していること、学びたいことを合致させ、自分がその大学で学ぶにふさわしい人物であることを示す練習をしましょう。

ワークシート51

🖊 **志望する大学、学部・学科が掲げるアドミッション・ポリシーを調べ、書き出しましょう。**

▶ 志望校のアドミッション・ポリシー

大学のホームページを参照しよう！
学部・学科が掲げるものも忘れずに調べよう！

（　　　　　　　　　　）大学　（　　　　　　　　　　　）学部　（　　　　　　　　　　　）学科

🖊 **アドミッション・ポリシーの中から、自分の学びたいこと、目指していることに通じるものをピックアップして、どのようにつながるのかを書き出しましょう。**

▶ アドミッション・ポリシーと自分の学びたいこととのつながり

自分の適性をアピールしよう！

志望理由書を書く

　これまで少しずつ、志望理由書を構成するそれぞれの要素について学び、書きためてきました。いよいよこの講では今まで積み重ねた情報を整理し、実際に提出できるクオリティの志望理由書を書き上げることに挑戦します。

いよいよ本番!

実際に志望理由書を書いてみよう

 ここまで、志望理由書を書くために必要な各要素を作り上げてきました。いよいよ、実際に提出する志望理由書の形で、全体を文章にまとめてみましょう。

 いざ真っ白の用紙を目の前にすると、何を書けばいいのかわからなくなりそうです。うまくまとめることができるでしょうか。

 何もない状態から書くのではなく、**これまでのワークシートを振り返り組み立てる**のです。それならできそうな気がしませんか？　少しずつステップを踏んでいきましょう。まずは、第2章の第3〜9講で取り組んだワークシートを見直して、右ページのワークシート52に書きこんでいきましょう。その際、もっと書き加えたいことが出てくれば、付け足して構いません。はじめは何も制限せずに、**思いついたことをすべて書き出す**といいでしょう。たくさん書いて、そのあとに**重要ではない部分を削っていく**のです。

 ワークシートを見直してみると、調べ方が中途半端だったり、後回しにしていたものがあったりしますね。もう一度調べ直して、どんどん書き加えたいと思います。

 書き終わったら、p.100のワークシート53で、きちんと志望理由書の文章の形になるようにつなげてみましょう。一度文章の形にしてみると自分の考えを整理しやすくなり、足りない部分や余計な部分が見えてきます。完成原稿は先生などに見てもらい、**必ず添削をしてもらう**ようにしましょう。

🖊️ **第2章の第3〜9講を振り返り、それぞれの要素ごとに書きこみましょう。**

▶ ❶ 将来の夢・目標

私は○○になりたい、○○をしたい、○○を勉強したいなど。

▶ ❷ きっかけ

なぜそう思ったのか、自分だけの原体験や活動など。

▶ ❸ 課題分析・解決手段

その分野で今どんなことが問題になっているのかと、解決手段。

▶ ❹ キャリア

❸を踏まえて、どのように解決手段を実行していくのか。

▶ ❺ 大学での学び

❸と❹を踏まえて、何をどのように大学で学びたいのか。

✏️ ワークシート52に書いたことを700字程度にまとめ、志望理由書を作成しましょう。

▶ 志望理由書

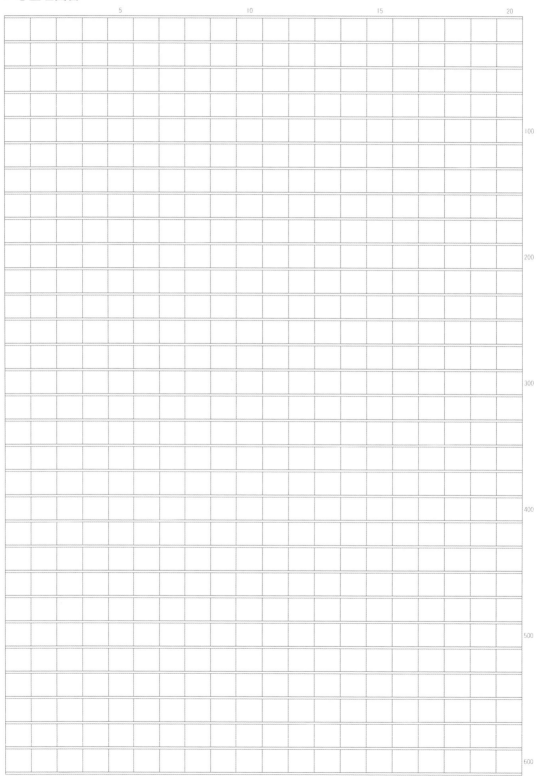

700

800

✐ **先生など信頼できる人に、志望理由書の添削をお願いしましょう。**

✐ **添削してもらった志望理由書のよかったところと改善すべきところを教えてもらいましょう。**

▶ **よかったところ**

▶ **改善すべきところ**

原稿用紙の使い方

志望理由書を書くときに意外と見落としがちなのが、文章を書くときの基本ルールです。せっかく内容は素晴らしくても、書き方を間違えるともったいないですよね。正しい原稿用紙の使い方を復習しましょう。

チェック！

 ## 基本的な原稿用紙の使い方を確認しよう

 ここでは、原稿用紙の使い方を確認していきます。小学校の作文の授業で習っているはずですが、意外と忘れていることや間違えて覚えていることが多いようです。文章の書き方にミスがあると、せっかく頑張ってまとめた書類や答案でも、減点されてしまう可能性がありますから、しっかり復習しましょう。

 わかりました。正しい使い方を心がけます。

原稿用紙の使い方 ❶

ルール１　段落を分けて文章を書く
- 内容が一区切りしたら**改行して段落を分ける**。改行にあたっての厳密なルールはないが、**「読みやすさ」「見やすさ」**が基準となる。段落を多くすれば読みやすくなるわけではない。
- 目安として、字数が800字であれば、およそ**4〜5段落構成**にすると読みやすい。
- 提出書類に原稿用紙のマス目がなく**罫線だけが引かれている場合**でも、同様に段落を分けて文章を作成する。

ルール２　段落の最初は１マスあける
- 段落の最初は**１マスあけて**から字を書き始める。
- 現在、多くの書類が横書きの形式になっている。横書きの原稿用紙の場合も、**段落の先頭（左端）を１マスあける**。
- 提出書類に原稿用紙のマス目がなく罫線だけが引かれている場合でも、段落の最初は**１字分の余白をとってから**文を書き始める。

ルール３　行の先頭の１マス目に「、」「。」などの記号を書かない
- 句読点（、。）や閉じカッコ（」）は行の先頭に来ないように、**前の行の最後の文字と同じマス**におさめる。
- 罫線だけが引かれている場合でも、不自然にならない程度に字間や字の大きさを調整する。

どれも基本的なルールですが、書いているときにはミスをしても気がつかないものです。必ず下書きをして、見直すようにしましょう。では、原稿用紙の使い方のつづきを見ていきます。

原稿用紙の使い方 ❷

ルール4　原則「　」『　』以外の記号は使わない

▶ 英語の引用符（" "）などを「　」の代わりに使わない。また、（　）などを使う補足説明も避けたほうがよい。

　例）QOL（Quality of lifeのこと）を重視する働き方は……

　　➡最初から**略さずに書くか、略称だけを書く**ようにする。

▶ 「！」「？」などの記号も使わない。

▶ 書籍の名前を引用するときや、「　」の中でさらに「　」を使用する場合は『　』（二重カッコ）を使う。

ルール5　数字や英単語は1マス2字の「半角」の発想で書く

▶ 「2023年」「100km」など算用数字を横書きの原稿用紙に書く場合は、1マス2字で書く。「100」など3桁の数字を1マスで書かないこと。例えば、「2023」の場合は[20][23]と記載する。「100」の場合は[10][0]でも[1][00]でもよいが、同じ書類や答案用紙内では左詰めで書くか右詰めで書くかを統一しておくこと。

▶ YouTubeなどの英単語も、1マス2字で書く。ただし、SNSやQOLなどの略語については、1マスに1字ずつアルファベットを書くこと。

原稿用紙といえば縦書きというイメージがあったのですが、志望理由書は横書きで書くことが多いのでしょうか？

大学によっては縦書きの場合もありますが、最近は横書きが主流で、志望理由書だけでなく他の出願書類でも横書きが多くなっています。原稿用紙のマス目がなく、罫線だけが引かれている場合は、ルール5は気にしなくてもよいですが、それ以外は基本的に原稿用紙に書くときと同じルールだと思ってください。

原稿用紙の使い方でミスをしてしまった場合、減点されたりするのでしょうか？

書類や志望理由書では、明確な加点・減点の基準は公開されていないことが多いので、はっきりしたことは言えませんが、作文のルールは小学校で習い始めるものですよね。ですから、これらのルールは**守って当然と考えられる**ことが多いんです。基本的なルールが守られていないと、その文章の内容まで怪しまれてしまうかもしれませんね。

確かに、そう思われてしまったら損ですね。

書くときに気をつけるだけではなく、**書いたあとに確認すること**も大事ですよ。それでは次のワークシート54で、文章を添削し、ミスがないか確認する練習をしてみましょう。

◎ 次の文章を読み、「原稿用紙の使い方」のルール1〜5に反するミスがないか、添削しましょう。
◎ 修正したほうがいいと思うところに下線を引きましょう。

▶ 文章の添削

どう修正するか、メモを書きこんでもOK！

私	は	貴	学	で	、	経	営	学	を	学	び	た	い	と	考	え	て	い	る
。	高	校	の	文	化	祭	で	、	自	分	の	高	校	オ	リ	ジ	ナ	ル	の
バ	ッ	グ	開	発	を	地	元	の	企	業	と	連	携	し	て	行	っ	た	。
高	校	で	の	文	化	祭	だ	が	、	作	成	の	過	程	を	S	N	S	（
Social Networking Service	の	こ	と	）	を	活	用	し	て	、	発	信	し	た						
。	そ	う	し	た	と	こ	ろ	、	多	く	の	人	た	ち	に	知	ら	れ	る
よ	う	に	な	り	、	文	化	祭	当	日	は	長	蛇	の	列	が	で	き	て
、	完	売	と	な	っ	た	。	こ	の	よ	う	な	経	験	を	踏	ま	え	て
、	商	品	開	発	に	関	心	を	持	つ	よ	う	に	な	っ	た	。	貴	学
経	営	学	部	に	は	、	企	業	で	活	躍	す	る	卒	業	生	が	登	壇
し	て	現	場	で	の	仕	事	を	聞	く	こ	と	が	で	き	る	「	実	務
養	成	講	座	」	と	い	う	講	座	が	あ	る	。	私	は	こ	の	講	座
を	履	修	し	た	い	！	と	心	か	ら	望	ん	で	い	る	。	ま	た	、
"	ク	ラ	シ	ッ	ク	に	か	え	れ	"	を	合	言	葉	に	、	経	営	、
経	済	学	の	古	典	と	さ	れ	る	名	著	を	講	読	す	る	勉	強	会
が	行	わ	れ	て	い	る	と	い	う	こ	と	も	知	っ	た	。	こ	う	し
た	講	座	、	演	習	を	生	か	さ	な	い	手	は	な	い	だ	ろ	う	？
こ	の	よ	う	な	魅	力	あ	ふ	れ	る	貴	学	で	、	私	は	商	品	開
発	に	つ	い	て	学	び	、	実	社	会	で	通	用	す	る	人	材	を	目
指	し	た	い	。															

◎ 下線を引いた部分をどのように修正すればよいか、書きましょう。

記入例）1行目の「私は」の前を1マスあける。

▶ 修正すべき点

ルール1〜5に従って修正しよう！

ルール1から見ていきましょう。この文章には段落が一つしかありませんね。どこで改行すれば読みやすくなると思いますか？

9行目の「貴学経営学部には、〜」のところから別の話が始まっているので、ここで段落を変えると読みやすくなると思います。あとは、最後から3行目の「このような魅力〜」で段落を変えると、決意表明が強調されますね。

そうですね。ルール2の「段落の最初は1マスあける」も忘れないようにしてください。ルール3のとおり、句読点や閉じカッコを行の先頭の1マス目に書いてはいけませんよ。

はい。ルール4について、このような文章に「？」や「！」は違和感がありますね。ちょっと軽薄な印象になる気がします。14行目の引用符（" "）もカギカッコに変えたほうがいいし、4〜5行目の（ ）内の補足説明もないほうがいいんですよね？

略語の場合はSNSとだけ書けばいいですね。もしSocial Networking Serviceと略さずに書く場合は、ルール5の「1マス2字」を心がけてください。
なんとなく読んでいるだけでは見落としてしまうこともありますね。下の **point** にルール1〜5をまとめたチェック項目を挙げておきました。自分の書いた文章を見直すときには、これらの項目を確認するようにしましょう。

point

▶ 制限字数に対して、見やすく、読みやすい段落分けをした文章を書いているか。

▶ 段落の最初を1マスあけて書いているか。

▶ 行の先頭の1マス目に「、」「。」などを書いていないか。

▶「 」『 』以外の記号を使用していないか。

▶ 数字や英単語は1マス2字で書いているか。

注意すべき文章表現

志望理由書を書くときにもう一つ注意したいのが、文章表現です。見落としやすいルールをまとめましたので、書くときにも推敲するときにも気をつけましょう。

要注意!

 ## 文章表現で気をつけることは?

 志望理由書というのは、志望する大学や学部・学科へ進学する適性を判断される書類です。したがって、審査されるにふさわしいレベルの文章を書く必要があります。

 難しい言葉や表現を使ったほうがいいということでしょうか?

 必要以上に難しい言葉や凝った表現を使う必要はありませんが、**話し言葉や幼稚な表現は避けたほうがいいでしょう**。守るべきルールを、「注意すべき文章表現」で確認しましょう。

注意すべき文章表現

ルール1　一人称は「私」を使う
- 一人称は**「私」**を使い、「僕」や「自分」は使わない。
  - ➡ ただし、「自分の立場で考えて……」のような場合は、「自分」を使うこともある。

ルール2　文体を統一する
- 志望理由書は、特に指定がない限り、**敬体**(「〜です／〜ます」)で書いても**常体**(「〜だ／〜である」)で書いても構わないが、必ず**どちらかの文体に統一して書く**。

ルール3　話し言葉は使わない
- 文頭に「なので」を使わない。
  - ➡「したがって」「そこで」「このことから」などを使う。
- 文頭に「でも」「だけど」を使わない。
  - ➡「しかし」「だが」などを使う。
- その他の話し言葉も、**書き言葉に変換**する。
  - ➡「〜なんかを」「〜とかを」「〜なんだなと」「〜じゃなく」「〜しなきゃ」「やっぱり」「いろんな」「やる」「すごい」「たくさん」などは避ける。

ルール4　不自然な文章表現は避ける
▶ **主語と述語のねじれ**
　例）「私が貴学で学びたいと思っているのは、○○○○しました。」
▶ **陳述の副詞が対応していない**
　例）「もし○○○○なので、私は経営学を学びたいと考えている。」
▶ **文学的な表現技法**（過剰な比喩や倒置、不要な体言止めなど）
　例）「私が学びたいこと、それは○○○○。」「○○の分野では△△が大切。」

ルール5　略語は極力使わない
▶ 慣用的に許容されるものを除いて、**略語はできるだけ使わない**。
　例）バイト → アルバイト　　部活 → 部活動　　スマホ → スマートフォン
　　　コンビニ → コンビニエンスストア

ルール6　ら抜き言葉・い抜き言葉に注意する
▶ 「〜られる」を「〜れる」、「〜している」を「〜してる」などとする、いわゆる**ら抜き言葉、い抜き言葉は使わない**。
　例）出れる → 出られる　　専攻してる → 専攻している

ルール3〜6の表現は、意識していないと間違って使ってしまいそうです。普段の友だち宛のメッセージなどでは、話し言葉でやりとりすることが多いので……。いざ提出する文章を書くときに使ってしまわないように、注意しなくてはいけませんね。

ルール4については、**声に出して読んでみると不自然さに気づく**ことも多いですよ。志望理由書などの書類は試験会場で書いて提出するわけではないので、書いたあとは一度音読してみることをオススメします。

「主語と述語のねじれ」は、**文が長くなったときにしてしまいがちなミス**です。文は長くても60字くらいにおさめるように心がけましょう。

「陳述の副詞」は、「もし〜なら（仮定）」「おそらく〜だろう（推量）」「決して〜ない（否定）」など、後ろにくる言葉と呼応しています。陳述の副詞は、後ろにくる言葉とセットで使うようにしましょう。

「文学的な表現技法」を使わないほうがいい理由は、わかりますか？

意味が伝わりにくくなるし、少し偉そうな印象を与えてしまいそうなので、志望理由書に書く文章としては、ふさわしくないと思います。

そうですね。では次のワークシート55で、文章の中に間違った表現がないかを探し、正しく書き直す作業に取り組みましょう。問題のある表現をどのように直すかを考えることで、文章を推敲する力が身につきますよ。

はい。第11講で学んだ原稿用紙の使い方にも気をつけながら、やってみます。

◎ 次の文章を読み、修正したほうがいいと思うところに下線を引きましょう。

◎ 原稿用紙の使い方と文章表現に気を配りましょう。

どう修正するか、メモを書きこんでもOK！

▶ 文章の添削

	最	近	、	ニ	ュ	ー	ス	で	気	に	な	っ	た	の	は	差	別	問	題
だ	。	日	本	は	世	界	の	中	で	も	差	別	が	す	ご	い	国	だ	と
テ	レ	ビ	で	や	っ	て	い	た	。	差	別	は	よ	く	な	い	こ	と	だ
と	思	い	ま	す	。														
僕	は	差	別	を	な	く	し	て	い	く	こ	と	が	大	事	だ	。	な	の
で	、	そ	の	た	め	に	差	別	が	だ	め	だ	っ	て	い	う	こ	と	を
伝	え	る	た	め	の	映	画	を	見	る	時	間	を	作	ろ	う	と	思	い
ま	す	。	そ	ん	な	イ	ベ	ン	ト	を	や	る	こ	と	で	、	み	ん	な
の	意	識	を	す	ご	く	変	え	れ	る	と	思	う	。					

◎ 下線を引いた部分を修正しながら、上の文章を正しく書き直しましょう。

◎ 自分なりに文章表現を工夫して書き換えましょう。

▶ 修正した文章

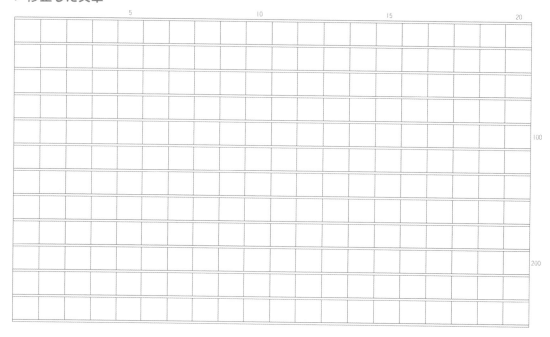

◉ 次の文章を読み、修正したほうがいいと思うところに下線を引きましょう。

▶ 文章の添削

```
　　自分が頑張っていることは、バスケ部の活
動です。バスケは1チーム5人で試合をしま
す。僕のポジションはセンターだ。バスケッ
トボールの魅力は、自分たちよりすごく強い
チームと試合をするときでも、頭の使い方に
よっては勝てるのが魅力です。
　　私は、こう思った。何事も真剣にやるべき
だと。部活だからって、軽い気持ちでやるの
はよくないなとずっと思っていた。なので、
私はいつもの練習に加えて、自主的な練習を
することで、冷静にプレーをできるようにす
ることで、勝てる試合を増やそうと思いまし
た。こんな経験から私は何事にも真剣。そん
な人になりました。
```

◉ 下線を引いた部分を修正しながら、上の文章を正しく書き直しましょう。

▶ 修正した文章

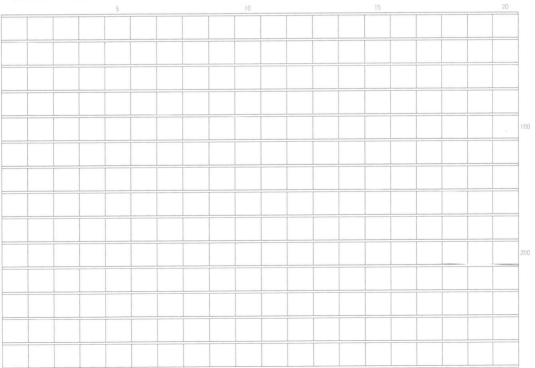

読みやすい文章とは

　志望理由書に限らず、文章は読みやすいのがいちばんです。読みやすい文章と読みにくい文章の違いは、いったい何でしょうか？　違いの一つとして、「客観性があるかないか」ということが挙げられます。

読みやすい文章ってどんなもの？

 さっそくですが、次の「生徒の記入例１」を読んでみてください。そして、これを書いた人が何を伝えようとしているのか、分析してください。

生徒の記入例１）

> 　現在、社会の様々な場面で、差別や格差が問題になっています。私が住むところでも「差別をなくそう」というスローガンを掲げて、人との関わりを大切にする運動を実施しています。こういうのを見ていると頑張ろうと思います。
>
> 　実際、私が通う高校の国際交流委員会では、その活動で、定期的に国際交流を行っています。先日も、地域の公民館でお互いの国の料理を作り合って、食べるというイベントを行いました。とても楽しくて色々な人と仲良くなれてよかったです。
>
> 　皆でこういうことをして、差別や偏見がなくなっていってほしいです。

 第１段落では話題として「差別や格差」を取り上げて、身近な生活の中にこうした問題を考える動きがあることを書いています。第２段落では、書き手が通っている高校で国際交流活動が行われていて、それに参加して国際交流を体験したことが書かれています。そして最後に、決意表明をしています。

 これまでのワークを通して文章の読み取りがしっかりできるようになっていますね。では、この文章を読んだ感想を聞かせてもらえますか？

 はい。文章の構成はわかりやすいと思います……。でも、書き手自身の視点で書いてあるところが多いように思います。「私が住むところ」は読み手からすると、それがどこなのかわからないですよね。また、差別にも様々な問題があると思うのですが、どのような問題を取り上げたいのかわからなかったです。

指摘してくれたのは、どちらも同じ問題から生まれているわかりにくさです。その問題というのは、**客観性に欠ける**ということ。文章を読む人に伝えるというよりも、**自分がどう思ったかという主観だけに頼って、自分が知っている情報だけで書いて**しまっています。志望理由書では、大学での学びや将来について「自分語り」をすることが求められる場合もありますが、ここまで主観的な書き方では、読み手にうまく伝わらないですね。

志望理由書では、客観的に、相手に伝わるように書かなければいけないということですね。

その通りです。解決策の一つに、**データや数値を積極的に使う**ようにすると、客観性を持たせることができます。

よりよい文章を目指して

改善点を考えよう

続いて、次の「生徒の記入例2」を読んでください。そして、先ほど学んだことを踏まえて、どのように改善すればよいかを考えるワークシートに取り組んでみましょう。

生徒の記入例2) 社会学部で共生について学びたい生徒 　―最初に書いた文章―

> 　近年、自治会で問題になっていることはどこも同じで、環境問題もそこに挙げられています。小学生のときに自治会でのゴミ拾いに参加したとき、自分の住んでいる街がきれいになるのも嬉しかったのですが、何より地域の方とその場でふれあい、顔や名前を覚えてもらうことができました。そのことから地域交流も深まればよりよい街を作ることができると考え、大学では人と環境について学びたいです。

ワークシート56

◎ 上の「生徒の記入例2」を読み、改善点を書き出しましょう。

◎ 修正できる部分を書き直してみましょう。

> どのようなデータがあれば客観性を持たせられるかを考えてみよう！

▶ 改善点

▶ 修正した文章

まず１文目に「自治会で問題になっていることはどこも同じで」とありますが、客観性がないですよね。例えば、地方自治体の中でも市町村レベルの行政区について、地域で問題になっていることを調査した資料を用いるとか、実際に同じような問題が挙がっていることを指摘できれば、客観的な根拠を示せると思います。

そうですね。続いて「環境問題」を挙げていますが、どんな問題を想定しているのか、この文章ではよくわからないですね。おそらくこの生徒が想定しているのは、地球温暖化や海洋汚染などの「自然環境」ではなく、「都市環境」に関することでしょう。都市美観に関心があるということは汲み取れますが、読み手にうまく伝えられていません。

２枚目以降、清掃活動に参加したことを通して意義を感じたことが「きっかけ」になったと言いたいのだと思うんですが、この部分は書き手の実感がこもっていていいですね。ただ、「そのことから地域交流も深まればよりよい街を作ることができる」という部分に、もう少し具体的な説明があるといいと思います。

そのような意見を踏まえて、リライトされたものが次の「生徒の記入例３」です。どのように改善されたか、見てみましょう。

生徒の記入例３）社会学部で共生について学びたい生徒　―リライト―

> 　近年、日本の様々な地域では、地域活性化をはじめ、多くの課題を抱えています。そうしたなかで、私は都市環境の問題に注目しています。私が住む相模原市南区の相模大野町自治会では、定期的に清掃活動を行っています。私は小学生のときからこの自治会が実施しているゴミ拾い活動に参加してきました。私が住む街がきれいになるのも嬉しかったのですが、地域の方と活動を通してふれあい、地域住民同士がお互いの名前を覚え合って交流を深めていくことにも何か意義があるのではないかと感じました。この経験から、地域交流を深めながら清掃活動を行うことで、自分の街をきれいにしようという意識を共有できるようになると考えるようになり、大学では、住人同士の共生と都市美化のあり方について、勉強したいと考えるようになりました。

２枚目で「都市環境の問題に注目しています」と明確に示し、３枚目で地域名を挙げたことで客観性がある文章になったと思います。他の部分も説明が具体的になり、最初の文章よりずっと伝わりやすくなりました。

地域活性化については、例えば長野県安曇野市では、過去に「ずくだせ・知恵だせ・元気だせ・支えあい　誰もが安心して暮らせる福祉のまち　安曇野」というスローガンを作って活動していました。こうした動きは全国各地で見られるので、調べてみれば客観的な根拠が見つけられるはずです。実際に志望理由書を書くときには、字数に気をつけなければいけませんが、準備段階であればメモなどに残しておくといいでしょう。

続いて、次の「生徒の記入例４」を読んで、同じようにワークシート57に取り組んでみてください。

生徒の記入例4）将来消防官になりたい生徒 —最初に書いた文章—

　私は貴学で、箱根駅伝の往路5区で区間賞を取り、総合優勝に貢献してみせます。中学生の頃は野球に没頭し、高校から陸上に専念しました。陸上は駅伝を除けば個人競技なので、責任感や周りからの期待感、プレッシャーが多いなかで結果を残したときの達成感に惹かれたことが始めたきっかけでした。高校では〇年次に神奈川高校駅伝で〇位という結果に終わりましたが、翌年、県駅伝優勝を果たし、全国高校駅伝出場に貢献しました。入学後は、上位チームとの練習で必死に食らいつき、1年からトップチームに加わることができるよう尽力していきたいです。

　私は将来、〇〇市消防本部〇〇消防署の消防官になり、私の地元を支えていく立場になりたいと思っています。そのためには、貴学の〇〇学科△△コースで消防官としての知識を深く学んでいきたいです。

　1年では、政治とメディアを履修し、テレビや新聞などのマスメディアから得る情報やその仕組みを理解し、自分自身で情報の正否や内容の規模を見抜けるようにする力を身につけたいです。2年次には「消防法」と「予防行政I」を受け、総務省消防庁に携わってきた経験の多い教員から直接授業を学び、他校にも劣らないような基礎知識を徹底的に学んでいきたいと思います。

　そして、3、4年次では都市と防災を履修することで、2年次で学んだ予防面だけでなく、特に町づくりやボランティア、先進的防災対策、政策などの政策面にも着目したうえで消防官としての知識を固めたいと思いました。

　私の大学での目標と将来の目標を見据えた際に、貴学が最適だと考えたため入学を強く志望します。

ワークシート57

📝 上の「生徒の記入例4」を読み、改善点を書き出しましょう。

▶ 改善点

_____

_____

_____

_____

うーん……。駅伝の話はいらないんじゃないかなって思いました。この文章を書いた人にとっては大事なことだと思うのですが、うまく話が流れていないというか、一貫性のない文章になってしまっているような気がします。

そうですね。志望理由書で重視すべきポイントの一つは、「大学でいかに学ぶか」を具体的に説明することです。自分が頑張ってきたことも大事ですが、**志望理由書に書くべき項目としては優先順位を下げたほうがいい**でしょう。この例では、消防官を目指すこととは関係がないように読めてしまいます。
　では、このような指摘を受けてリライトされた「生徒の記入例5」を見てみましょう。

生徒の記入例5）将来消防官になりたい生徒　―リライト―

　私は将来、〇〇消防本部の消防官として歴史ある町「〇〇」で人々を救うような人材になりたいと思っています。中学生の頃、職場体験で〇〇消防本部に伺い、実際に消防官の訓練を体験したことが夢を持ったきっかけでした。もちろん、人命救助や放水活動の大変さを体で感じることができたことも理由の一つですが、それ以上にここの消防隊の規律や雰囲気、一人ひとりの訓練への向き合い方の迫力に引き込まれたことが大きな理由です。

　現在、〇〇消防署では消防隊員数の減少と40歳代以上の隊員ばかりで若い人達が減少傾向にあることが問題になっています。そのため、私の町では災害や事件が起きたときに地域で作られている消防ボランティアも活動することになってしまっています。このような状況が続いていることで、消防隊の必要性が欠如している印象を受けているので、ここで新進気鋭の人員が入隊することは、今の消防隊に刺激を与え、もっと〇〇消防署や〇〇市全体に貢献できると思いました。

　こうしたことから、私は貴学の〇〇学部□□学科△△コースで学びたいと考えています。私は他の人よりも傷病者の状態をすぐに見極めたうえで判断に長けている人材になりたいと思っているので、4年間を通して臨床実習があることはとても力が身につくと考えました。また、3年次から4年次にかけて実際に消防署に出向き実習できることが他校に比べた強みだと感じました。4年次では「救急救命特論Ⅰ・Ⅱ」を学びたいと思っています。この授業では、応急処置の優先順位や判断基準など、現場で必要となる考え方を身につけることができるので、実際現場に立ち会った際、迅速に物事を判断したり、応用となる解決方法の引き出しを増やしたりすることができると思いました。

　私が理想とする消防官に一歩でも近づくためにも、私は貴学への進学を強く希望致します。

ワークシート58

🖊 上の「生徒の記入例5」を読み、「生徒の記入例4」から改善されたところを書き出しましょう。

🖊 さらに改善が必要だと思うところを書き出しましょう。

▶ 改善された点

▶ さらに改善が必要な点

学部・学科、志望分野の知識を反映させよう

書き直した「生徒の記入例5」の第1段落は、「将来の夢・目標」と「きっかけ」の話が、実感をこめて書かれています。自分が暮らす行政区のことを書いているので、客観性もあります。

第2段落では、現状として、少子化問題がこうした消防官の活動にも影響を及ぼしていることに言及しています。若年層の人材不足が問題になっているという状況や、自分がその解決に少しでも貢献したいという理想も書かれていますね。

リライト前の「生徒の記入例4」では、駅伝の話をしてしまっていたため、現状に関する話がまったくありませんでしたね。それが改善されています。

書き直したあとの答案は、「大学での学び」の要素をメインにして、志望理由書に求められている要素を網羅しようという努力が感じられますね。

はい。リライト前の答案でも、消防官を目指して大学でどのように勉強するのかを説明していましたが、リライトしたあとの答案では、それがさらに詳しくなっている印象です。

実際の字数制限にもよりますが、志望校のアドミッション・ポリシーについても調べて、自分の学びの姿勢や強みが、アドミッション・ポリシーに近いものであることを書けると、より完璧な志望理由書に近づいていくでしょう。

自分が言いたいこと、伝えたいことがあっても、それが志望理由書に書くべきものなのかを冷静に見極めなくてはいけませんね。

その通りです。客観性を持たせながら、学部・学科、志望分野について調べた知識を反映させて、自分が学びたいことを書いていくように心がけましょう。

志望理由書以外の 書類対策

第2章では志望理由書の書き方を中心に学んできましたが、推薦入試ではそれ以外の書類の提出が求められる場合もあります。主な書類の種類や書き方をまとめました。

推薦入試で
求められる書類って?

志望理由書は多様化している？

 ここまで、オーソドックスな志望理由書の書き方について取り組んできましたが、最近では志望理由書も多様化してきています。細かな条件がついていて、志望理由書の構成例以外の要素を書く必要があったり、志望理由書とは違う書類の提出を求められたりするケースもあります。まずは、提出書類として課されやすいものを紹介していきます。

推薦入試で課される書類

▶ **志望理由書**
大学で学びたいこと／将来志望する職業／それを目指す理由／特に学びたい内容／
志望する分野の社会的状況／志望大学を選んだ理由 など。

▶ **自己推薦書・自己PR文**
高校時代に力を入れたこと／そのなかでも自分が努力・工夫・意識したこと／活動実績／
努力したことを通して得た成長を大学での学びにどう発揮するか など。

▶ **エントリーシート**
上記要素＋αを一問一答形式で記入するもの。

▶ **学修計画書**
1～4年次の講義・演習・実験科目の大まかな履修計画をまとめて記入するもの。

 ひと口に志望理由書と言っても、大学によってその形式は様々で、細かく条件が課されている場合があります。次の例を見てください。

学習院女子大学　日本文化学科:指定校推薦

①本学志望の動機・理由。
②関心を持っている社会問題や出来事について述べてください。
③本学に入学した場合どのような学生生活を過ごしたいか述べてください。

立命館アジア太平洋大学：事前課題

① APU（立命館アジア太平洋大学）で自分を変えるために何をすればよいか。
② APU に対してどのような貢献ができるか。
③ 世界を変えるために自分は何ができるか。

 学習院女子大学の場合、①は「将来の夢・目標」「きっかけ」の要素をまとめれば大丈夫ですね。②は「課題分析・解決手段」、③は「大学での学び」をまとめていくと書けそうです。

 これまで取り組んできた各要素は、志望理由書の軸となるものですから、それらをもとに応用すると、たいていの場合は対応できます。

 でも、APU のほうは難しそうです。①と③は「課題分析・解決手段」のところで考えた現状の把握と解決手段、さらに「キャリア」「大学での学び」をまとめていくと書けそうですが、②の「APU に対してどのような貢献ができるか」については、何を書けばよいのか迷います。

 基本的には「大学での学び」でまとめたことを整理していけば書けると思いますが、「どのような貢献ができるか」とあるので、大学が何を求めているのか、オープンキャンパスや説明会に参加して、情報収集をしたほうがよさそうですね。3つのポリシーについても把握しておく必要がありそうです。

 なるほど。まずは落ち着いて、これまでに積み重ねたことを生かせないかと考えればいいんですね。

自己 PR のコツ

 ## 自己推薦書・自己PR文ってどんなもの？

 推薦入試では、自己推薦書や自己 PR 文が課される場合があります。これらも、大学入学の適性を判断するための資料であることに変わりはありません。

 自己推薦や自己 PR となると、やはり「インターハイ出場経験」「数学オリンピック出場経験」「英検○級獲得」「TOEIC ○○○点」などの実績がないと不利になるでしょうか？

 そうした実績が強みになる場合もありますが、大学が特に条件を課していないのであれば、華やかな実績はなくても十分合格を狙えます。自己推薦書や自己 PR 文で大事なのは、**自分に行動力があると証明する**ことです。そして、高校生活で頑張ってきたことを通して、**何を学んだのか、その学びを大学でどう発揮するのかをプレゼンテーションする**ことが大切です。

 自分がいかにできる人間かをアピールするのではなく、自分が頑張ってきたことで、どのような力を身につけたのかを伝えればいいんですね。

その通りです。もちろん、留学経験や、取得した検定・資格などを具体的に挙げてアピールしながら、自分の適性を書いても構いません。ただそのときも、できることをただアピールするのではなく、自分がこだわりを持って取り組んできたことや、どのような努力・工夫を重ねたのかを書き、自分にはどのような強みや適性があるのかを伝えられるようにしましょう。

では、次の自己PR文の「生徒の記入例」を読み、参考にしながらワークシート59に取り組んでみてください。

生徒の記入例）上智大学神学部神学科を志望する生徒　―合格者答案―

　私が今まで頑張ってきたことはフラダンスだ。小学2年生から今まで教室に通い、幅広い世代の人と交流し、日々練習に励んでいる。元々フラダンスは言葉を持たないハワイの人たちが自然を崇拝する精神を表すために作られたものだ。そして神や大地、空、海などの自然からの恩恵に感謝の気持ちを伝えるものでもある。そのため、特徴的だと言われているハンドモーションには一つひとつ意味が込められている。そうした動きを理解してこそ、見る人を魅了するダンスができると考えた。ダンスを楽しみにする人に最高の娯楽を提供できるように、自分がこれだと思う確信を持たなければならない。毎回、振り付けをただ習うだけではなく、ハワイの歴史や文化、その地に生きる人たちの考えについても調べたり、人に話を聞いたりして理解を深めるようになり、フラダンスを通して学ぶということは探究することだという姿勢を持つようになった。

　また、フラダンスという同じ趣味を通して、世代も境遇も異なる人たちと出会い、一つの目標に向かってともに努力する機会を得られたことも大きかった。私が通う教室はNPO法人に加盟しており、競技性よりもフラダンス本来の意味を重視している。そのため、人にいかに勝るかということよりも、他人の気持ちを考え、寄り添いながらともに作り上げていくという考え方のなかで活動してきた。人にされて嫌なことはしない。何かあった際には自分を相手の立場に置き換えてみる。小さいことかもしれないがとても大切な姿勢を教室のなかで身につけた。

　フラダンスを通して、異文化を理解し、踊ることで表現力を身につけ、学校では関わらない世代の方と関わり、ともに練習してきたことで協調性と礼儀を身につけ、そして様々な物のとらえ方を知ることができた。フラダンスを通して培った、周りの動きを考えながら自ら行動すること、そして自分が深めたいと思った事柄について深く学んでいく姿勢を神学の学びに生かし、他者への理解をより一層深め不平のない世の中づくりに貢献していきたい。

ワークシート59

✒ 高校生活を通してこだわりを持って取り組んだこと、頑張ったことを挙げましょう。

▶ 頑張ってきたこと

◎ 頑張ってきた活動の中で自分が直面した課題を取り上げ、それを乗り越えるためにどのような努力・工夫をしたのかを書き出しましょう。

▶ 課題をどう乗り越えたか

◎ 課題を乗り越えたことで、人間としてどのように成長したかを書きましょう。

▶ どのように成長したか

← それを始める前と現在の自分を比較して、成長したと思うところを書いてみよう！

◎ 志望する学部・学科を挙げ、そこで学ぶうえで必要とされる姿勢や適性を書きましょう。
◎ 志望する学部・学科で、自分の成長や気づきなどの強みをどう発揮していくのかを書きましょう。

▶ 必要とされる姿勢や適性

← 人とは違う自分独自の強みを考えてみよう！

▶ 自分の強みをどう発揮するのか

提出前の確認事項

せっかく頑張って志望理由書の準備をしても、出願手続きでミスをしてしまうと、試験が受けられなくなってしまう可能性があります。そうならないように、書類提出前の注意点も確認しておきましょう。

チェック!

入試日程を把握しよう

ここまで学んできて、志望理由書作成に関する準備はかなり進んだはずです。最後に、あと一歩、出願までの段取りを入念に確認しておきましょう。近年はインターネットでの出願登録を求める入試も増えているので、登録方法なども確認が必要です。
次の A 大学の実施例を見て、どのようなことを確認しなくてはいけないか、チェックしてみてください。

A大学：総合型選抜の実施例

▶ **インターネットでの出願登録期間**：8月29日〜9月9日
　郵送での出願登録期間：9月1日〜9月8日(消印有効)

▶ **試験日**：第1次選抜　9月30日 ➡ 合格発表日 11月1日
　　　　　第2次選抜 11月25日 ➡ 合格発表日 12月9日 ➡ 入学手続き締切 12月16日

▶ **出願資格**：大学入学共通テストの受験が必要
▶ 中学 or 高校で物理系、化学系、生物系のうち、複数の系にまたがり2科目以上履修
▶ 英語資格：TOEIC L&R 400点以上／TOEFL(iBT)40点以上／TOEFL(PBT)435点以上／英検2級以上 など

▶ **出願書類**：調査書／入学志願者名票／推薦書／志望理由書 など

▶ **試験科目**：第1次選抜　小論文(90分)／個人面接
　　　　　　第2次選抜　聴講論文(120分)…模擬授業を聴講して論文作成／面接試験

推薦入試などの入試要項は、だいたい6〜7月くらいに発表されると説明会で聞きました。最新の要項を見て、出願時期や入試日程などを確認すればいいんですね。

出願の際は、送付する書類にも注意を払ってください。自分で書く志望理由書など はもちろんですが、調査書や推薦書など、学校の先生方や事務室に作成をお願いする書類は特に注意が必要です。これらは、発行の準備期間や作成するための時間が必要な書類です。お願いすればすぐに出てくるものではありませんから、早めに準備をしましょう。また、受験料の振り込みなども忘れないように、次のワークシート60でチェックしましょう。

ワークシート60

【入試準備チェック表】

▶ **受験大学名**

(　　　　　　　　　　　)大学　(　　　　　　　　　　　)学部　(　　　　　　　　　　　)学科

▶ **入試形式**

□総合型　　　□学校推薦型(指定校・公募型)　　　□その他(　　　　　　)

▶ **インターネットでの出願登録期間**

(　　　　)年(　　)月(　　)日 ～ (　　　　)年(　　)月(　　)日

▶ **郵送での出願登録期間**

(　　　　)年(　　)月(　　)日 ～ (　　　　)年(　　)月(　　)日　　□必着　　□消印有効

▶ **用意すべき書類**　　　　学校に作成してもらうものは、時間に余裕を持ってお願いしよう！

・学校に作成してもらう書類　　□調査書　　□推薦書　　□その他(　　　　　　)

・自分で用意すべき書類　　□志望理由書　　□自己推薦書　　□エントリーシート

　　　　　　　　　　　　□その他(　　　　　　)

▶ **出願資格を満たしているか**

□自分の評定(　　　　　　　　　　　)

□検定試験スコアなど(　　　　　　　　　　)

□その他の要件(　　　　　　　　)

▶ **試験日**

第1次選抜(　　　)年(　　)月(　　)日 ➡ 合格発表日(　　　　)年(　　)月(　　)日

第2次選抜(　　　)年(　　)月(　　)日 ➡ 合格発表日(　　　　)年(　　)月(　　)日

▶ 試験科目

記入例） 第1次選抜（提出書類の書類審査のため、試験はなし）
　　　　 第2次選抜（小論文試験90分（複数資料と課題文）＋面接15分）

第1次選抜	

第2次選抜	

▶ 合格後の手続き

・入学手続き期間　　　（　　　　）年（　　）月（　　）日　～　（　　　　）年（　　）月（　　）日

・用意すべきもの　　　□書類関係　　　　□入学金

用意したら□にチェックを入れよう！

要注意！

出願書類を郵送するときの注意点は？

出願書類の提出を、すべてインターネット上で行う大学が増えてきましたが、郵送での手続きを指定している大学も多くあります。保護者に手続きをお願いすることもあると思いますが、郵送するときの注意点は、必ず自分でも確認しておくようにしましょう。

郵送するときの注意点

▶ **提出書類の締切日を確認する**
　・**必着**とある場合　　　➡　提出先に**締切日までに届いている**必要がある
　・**当日消印有効**とある場合　➡　**締切日までの消印**が押されていればよい
　※どちらにしても期日に間に合うように余裕を持って送ること

▶ **郵送方法**
　基本的に、郵便局内（平日9：00～17：00）の**郵便窓口で差し出すことが望ましい**。
　どうしても窓口に行けず、郵便ポストに投函する場合は、**記載されている集荷時間を確認する**こと。最後の集荷時間が過ぎている場合、郵便局に回収されるのは、翌日の最初の集荷時間以降になり、郵便物の到着は、早くてもその翌日。投函からは、2日後以降の到着になってしまうので要注意。
　※どちらにしても郵送の場合は締切日より前に余裕を持って出すこと

最後のチェック！

提出前にもう一度見直そう

書類を提出するときは、書いてすぐに封をせず、一度落ち着いてから提出書類がすべてそろっているか、再確認するようにしましょう。また、**提出書類はコピーをとっておき、控えとして手元に置いておきましょう。**

「全部書き終わったぞ！」という勢いでそのまま提出すると、せっかく用意した書類を入れ忘れるなど、思わぬミスをしてしまいそうですね。

落ち着いて、冷静な目で書類を読み直すことも大事ですよ。その際、誤字・脱字がないかもチェックするようにしましょう。パソコンなどで書類を作成している場合は変換ミスが起こりやすいですし、手書きの場合も、書類の中身に集中して書き間違いに気づかないことがあります。特に、次のような誤字に注意して見直してください。

間違えやすい漢字

▶ **形の似ている漢字**
「因」と「困」、「奪」と「奮」、「拳」と「挙」など
形が似ている漢字は、書くときに間違えやすいだけでなく、見直すときにも見つけにくい。
作成の段階で気をつけるようにし、読み直すときにも見落とさないよう注意が必要。

▶ **同音異義語や同訓異字**
「解答」と「回答」、「間接」と「関節」、「追求」と「追究」と「追及」など
「作る」と「造る」と「創る」、「超える」と「越える」、「元に」と「基に」と「下に」など
同音異義語は、パソコンなどで作成するときの変換ミスが多い。
同訓異字は、勘違いして覚えてしまっていることによるミスが多い。
それぞれの漢字の意味を考えたり、辞書を引いたりして、間違えていないかを確認するとよい。

▶ **その他の間違えやすい漢字**
「成績」（「成積」と間違えやすい）
「講義」（「講議」と間違えやすい）
「不可欠」（「不可決」と間違えやすい）
「徐々に」（「除々に」と間違えやすい）
「専門」（「専」の字の右上に点を付けてしまう、「門」を「問」と間違えるなどのミスが多い）
「籍」や「耕」や「拝」（横画の本数に注意）

第 **3** 章

面接試験対策を始めよう

いよいよ最後の章です。

まずは面接試験の概要を押さえましょう。

面接と聞くと緊張してしまう人もいるかもしれませんが、

よく問われる質問を調べて

事前に答えを用意しておくだけでも気持ちが楽になります。

後半では、プレゼンテーションや

グループディスカッションなどが求められる場合の

攻略法についても紹介しています。

面接試験の概要

面接試験に苦手意識を持つ人は少なくないでしょう。しかし、これまで書き進めてきた志望理由書をもとにして回答を用意しておけば、恐れることはありません。まずは面接試験の概要をインプットしましょう。

まずはざっくりおさえよう

面接試験の目的って何？

面接試験とは

▶ 受験生がどのような人物であるかを見るための試験。
▶ 他者と円滑にコミュニケーションをとることができるかを見られている。
▶ 性格、向上心、素質、教養などを、言動から判断される。
▶ 出願書類を本人が書いているかを判断される。

 面接試験とは、**受験生の人物像が判断される**試験です。大学側は、受験生の学力だけでなく、思考力や主体性を総合的に評価します。学校推薦型選抜、総合型選抜、そして医学部では一般選抜でも、ほとんどの大学で面接試験が課されます。

 面接試験も対策や準備が必要になるんでしょうか。その場での受け答えができれば大丈夫と思っていたのですが……。

 本当に何の準備もなく、ちゃんとした受け答えができますか？　あわてたり緊張したりすると、うまく話せなくなってしまうこともありますよ。それに、面接官はプロですから、ウソをついたり取りつくろったりしても見抜かれてしまいます。

 確かに緊張すると、とっさに変な受け答えをしてしまうかも……。書類対策さえしっかりすればいいと思っていたのですが、面接試験の対策も必要なんですね。

 面接試験は、志望する大学と直接コミュニケーションをとる初めての場ですからね。志望理由書にどれだけいいことを書いていても、コミュニケーションがとれなければ、学業がうまくいくと思ってもらえません。学校が求める人物像と合わなければ、入学したとしてもお互いにとってマイナスですからね。直接顔を合わせてコミュニケーションをとることで確かめるのです。そのためにも、やはり準備が必要ですね。

書いたことには答えられるようにしよう

 面接にはもう一つ目的があります。**書類を本当に本人が書いているのかどうか**を確認することです。

以前は、一般入試の願書は自筆で名前を書くことが求められていました。最近はインターネットで願書を提出できる大学も多いですが、受験票に自筆で名前を書くことが求められています。筆跡から本人が受験していることを証明するという意味もあるんですよ。

同じように、面接試験では質問を通して、志望理由書などの書類をきちんと自分で考えて書いているかがチェックされるのです。

 志望理由書などの書類は、たとえ自筆であっても誰か別の人に考えてもらって書いている可能性もあるからですね。

 面接官は提出された書類をもとに、もっと詳しく尋ねたり、別の観点から質問したりすることで、受験生が本当に自分で考えたことを書いているのかを確認します。

当たり前のことですが、**提出書類は、絶対に自分で考えて書く**ようにしましょう。他人に考えてもらった場合、書かれている内容への思い入れが薄く、質問にきちんと答えられないからです。

 自分で書類を書くことは大前提として、書いた内容についてもちゃんと覚えておき、さらになぜそのように書いたのかを自分の言葉にしておくことが大切なんですね。

 その通りです。自分でビジョンを考えて、「こういう理由でこういうことをしたい」ということを、提出書類においても面接においても自分の言葉で伝えることが大事です。もちろん、アドバイスをもらって誰かの考えを取り入れるのは構いませんよ。そのためにも、提出書類は先生などに添削してもらいましょう。

面接試験対策として、提出書類についての注意点を、次の **point** にまとめておきます。

---

point

▶ 提出書類は自分の言葉で、自分で書く。

▶ 書いた提出書類は、添削をしてもらう。

▶ 書いた内容を見直し、なぜそう書いたのか根拠を確認する。

▶ コピーをとるなどして、面接前に見直しができるようにしておく。

いろんなパターンが
あるんだね

面接試験の実施形態って？

大学によって面接試験の形態は違います。受験生は一人の場合も複数の場合もありますが、基本的に面接官は複数人です。講義を受け持つ教授が面接官の場合もあれば、学部長が面接を担当する場合もあります。

こちらが一人で面接官が複数だと、かなり緊張してしまいそうです……。

面接は総合的に人物を判断する試験ですから、複数の視点が必要なのです。一人の意見だけでは、かたよりがあるかもしれませんからね。何人もの目を通して、「ぜひうちの大学に来てもらいたい」と思えるような人物を探しているのです。
面接試験の主な実施形態には、個人面接型、集団面接型、討論型、口頭試問型などがあり、それぞれ以下のような形で行われます。

個人面接型

受験生一人に対し、
複数の面接官が面接を行う。

集団面接型

複数人の受験生と
一緒に面接を行う。

討論型

受験生が数人のグループに分かれ、
与えられた議題でディスカッションする。

口頭試問型

志望する分野についての
知識や意見が問われる。
プレゼンテーションが課される場合もある。

色々なパターンがあるんですね。

 本番であわてないためにも、志望する大学の面接試験がどのような形態で実施されるかは、事前に調べておきましょう。

ワークシート61

◎ **志望大学の面接試験の実施形態を調べましょう。**

↰ 今年度の要項がない場合は
昨年度のものを調べてみよう！

(　　　　　　　　)大学　(　　　　　　　　)学部　(　　　　　　　　)学科

選抜の種類：(　　　　　　　　)　↞ 総合型選抜、指定校制、公募制など

▶ **面接の試験時間**

(　　　　)分　↞ 5分〜30分が一般的

▶ **面接の形態**

(　　　　　　　　)　↞ 個人面接型、集団面接型、討論型、口頭試問型など

▶ **面接内容**

↰ 質問形式か、自己アピールを求められているか、
ディスカッションをするのかなど

▶ **その他、疑問や知っておきたいこと**

面接試験の質問対策

　面接試験で尋ねられる質問には、ある程度の傾向があります。あらかじめ回答を用意しておいてから面接に臨むことでスムーズに受け答えができるようになり、心に余裕が生まれます。

質問の例をチェック！

面接官がいちばん知りたいことって何？

面接試験で問われる質問

▶ 本学を何で知りましたか？
▶ なぜ本学に興味を持ったのですか？
▶ なぜこの学科を志望していますか？
▶ なぜ本学を受験しようと思いましたか？
▶ 別の学校ではなく、なぜ本学を受験されましたか？
▶ 本学でどのようなことをしたいと思っていますか？

 ここからは実践的な面接試験の準備に移っていきますよ。面接試験では、ほとんどの場合、上にまとめたような質問が聞かれます。これらには共通点があるのですが、わかりますか？

 共通点ですか……。全体的に志望理由に関連したことが聞かれていますよね。

 そうですね。他に気づくことはありますか？

 あっ！　ほとんどの質問に「本学」とあります。「なぜ本学に」「なぜ本学を」と、どうしてこの学校を志望したのかが、質問の中心になっているんですね。

 正解です。これは、受験生の「**どうしてもこの大学で学びたいんだ、他の大学ではダメなんだ**」という意思を確認しているんです。「（他の大学にも同じ学部・学科があるのに）なぜ本学を受験しようと思いましたか？」という面接官の心の声が聞こえてきそうですね。

 大学に対する熱意を問われているというわけですね。

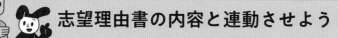

志望理由書の内容と連動させよう

 第1講でも説明しましたが、志望理由書などの提出書類をもとに聞かれる質問は、提出書類の内容と、面接試験での受け答えに矛盾がないかを確認するのが主な目的です。これは、先ほど学んだように、「本学を志望する理由」を中心に問われます。

 志望理由書には書いていないことを問われる場合もあるんですか？

 もちろんです。志望理由書から、さらに一歩踏みこんだことを聞かれる場合もありますよ。このとき面接官は、**書類では測れない能力や知識**をチェックしたいと思っています。そして、受験生がアドミッション・ポリシーと合致しているかを確認し、他の受験生と比べるのです。

 志望理由書の内容から答えるだけじゃなく、さらに踏みこんだ対策が必要ということですね。具体的にはどのような準備をしておけばいいでしょうか？

 志望理由書に書いた内容について、関連する知識や似た分野の論文などを確認しておくといいですよ。図書館で本を読む、ニュースに敏感になっておく、論文検索サイトを使ってみるなど、方法は様々です。
主体的に学習に取り組む姿勢があるかどうかを見られることもあるので、**時事問題は確認**しておきましょう。もちろん、自分のやりたいことや信念が、アドミッション・ポリシーとどうマッチしているかも答えられるようにしておきたいですね。

 志望理由書を書くときに準備したことが、ここでも役立ちそうです。

 他にも**意表をつくような質問をして、受験生の対応力や柔軟性**を見ようとすることもあります。「色に例えるとあなたは何色ですか？」「明日死ぬとしたら何をしますか？」などの質問ですね。このような場合でも、あせらず落ち着いて答えることを心がけましょう。

 はい、わかりました。面接の話し方について、注意点はありますか？

 「えっと」「そのー」「んー」など、思考が止まったときに出やすい言葉を言ってしまわないように気をつけましょう。**答えに困ったら、「少々考えさせていただいてもよろしいでしょうか」と断りをいれる**と好印象ですね。

 いろいろなケースを想定して準備しておかなくてはいけませんね。

 緊張したりあせったりしたときには、素の自分が出てしまうことがありますから、日頃から自分の言動には気をつけて生活していきたいですね。

面接試験の質問例をさらに見てみよう

 さて、その他の質問例も見ていきましょう。以下のような質問も、面接試験でよく聞かれます。

面接試験で問われる質問

▶ 志望理由を深掘りする質問
- なぜその学びでなければならないのですか？
- あなたがそれをしたい理由は何ですか？
- 本気でそのキャリアを歩むつもりですか？

▶ 高校までの質問や、自分についての質問
- 高校時代にどんなことを頑張ってきましたか？
- 好きな科目と嫌いな科目、またその理由を教えてください。
- あなたの長所と短所について、実体験を踏まえて教えてください。

▶ 大学についての質問
- 本学のポリシーとどこがマッチしていると思いますか？
- 入学後、参加したいプログラムや活動はありますか？
- 本学に入学された場合、どのような授業を履修したいですか？

▶ 知識や教養についての質問
- あなたが今、最も関心を持っている時事問題は何ですか？
- あなたが関心を抱いている本は何ですか？
- 最近いちばん印象の強かった学びは何ですか？

 色々なパターンがあるんですね。

 そうですね。他にも**学部・学科で学ぶ内容についての質問**がされることがあります。例えば、国際学部の場合、「人種差別について、あなたの意見を聞かせてください」「SDGsのゴールはいくつあるかご存知でしょうか？」などです。

 これは、しっかりと事前準備する必要がありますね。興味があることだけを確認しておけばよいというわけではなさそうです。

 その通りです。しっかりと準備をするために、想定される質問に対する自分なりの答えをまとめて、次ページのワークシート62に書いておきましょう。自分の志望校や学部・学科ではどのような質問がされやすいのかも確認しておきましょう。その他にも、志望校の環境や学部情報などをまとめておくと、面接の前に読み返すことができます。

 どのように志望理由書を書き上げたのかも復習しておいたほうがよさそうですね。

 今までに書いたワークシートを見直したり、志望理由書を読み返したりすることで、面接で聞かれる質問の答えは自然とまとまってくるはずです。自分がどのような思いを持っているのか、改めて振り返ることが面接試験の対策になりますよ。

わかりました。志望理由書や学部・学科とは関係のない質問をされたときの対策としては、何をすればいいのでしょうか？

これも自分の考えや志望理由書を振り返ることで、ある程度対策ができますよ。面接試験は、あくまで受験生がどのような人物であるかを見るための試験です。多くの質問は、受験生の性格や個性、素養などを知るためのものですから、自分の考えを振り返り、分析をより深く行うことで対策につながるはずです。

ワークシート62

✏️ **よく問われる質問に対して、ヒントを参考にしながら自分なりの考えを書いてみましょう。**

▶ 本学を志望した理由は何ですか？

ヒント：自分の将来やりたいことや解決したい課題と学びたいことを紐づけて。

▶ なぜ他の大学ではなく本学を受験されましたか？

ヒント：自分のやりたいことと大学の特色がどうマッチするかをアピールしよう。

▶ 将来のキャリアビジョンを教えてください。

ヒント：職業だけでなく、具体的にシミュレーションしたことも話せると◯。

▶ 高校時代、どんなことを頑張ってきましたか？

ヒント：出来事を伝えるだけではなく、工夫した点や得た気づきもセットで。

▶ 好きな科目と嫌いな科目は何ですか？

ヒント：嫌いな科目は克服のためにした工夫や努力を伝えよう。

▶ あなたの長所と短所について、実体験を踏まえて教えてください。

ヒント：長所はエピソードともに、短所は正直に伝えよう。

▶ あなたが今、最も関心を持っている時事問題は何ですか？

ヒント：志望学部に関連するものと関連しないものを調べておこう。

▶ 建学の精神をご存知ですか？

ヒント：国立大学にはない場合もある。アドミッション・ポリシーもあわせて覚えておこう。

🖊 他にも面接試験でよく問われる質問を調べ、答えてみましょう。

▶ 質問

▶ 答え

▶ 質問

▶ 答え

◎ 志望校でよく問われる質問を調べ、答えてみましょう。

◎ ホームページの検索以外にも、様々な資料を活用しましょう。

▶ 質問

高校の進学指導センターなどで先輩が残した資料を参照する、
志望校に進んだ先輩から実際に話を聞くなどして調べよう！

▶ 答え

▶ 質問

▶ 答え

◎ 志望校の基本的な情報をまとめておきましょう。

▶ 志望校の情報

どのような環境下にあるか、学生数はどれくらいか、
どのような学部があるかなど。

プレゼンテーション対策

面接試験の一環として、プレゼンテーションが求められることがあります。志望理由をプレゼンテーションする場合と、事前に与えられた課題をプレゼンテーションする場合の対策をそれぞれ学びましょう。

チェック！

プレゼンテーションって何？

 プレゼンテーションを発表と混同している人がいますが、これらは異なります。簡単に言えば、発表は一方的に情報を伝えること、プレゼンテーションは**相手に納得してもらえる情報を伝えて、行動を促す**ことです。

プレゼンテーションとは

▶ 多くの人に知ってもらいたいテーマや、売りこみたい企画を説明するための技法。

▶ プレゼンテーションに必要なこと
1. **目的を正しく理解する** ➡ 相手の行動を促す
2. **効果的に伝える** ➡ 話し方や伝え方を工夫する
3. **独りよがりにならない** ➡ 自分が伝えたいことを伝えるのではなく相手が聞きたいことを伝える

 なぜプレゼンテーションをするのでしょうか。プレゼンテーションをする側（プレゼンター）の視点と、プレゼンテーションを聞く側（リスナー）の2つの視点から考えてみましょう。それぞれの目的がわかりますか？

 プレゼンターの場合は、相手に自分が思っている通りの行動をしてもらうことが目的で、リスナーの場合は、プレゼンテーションを聞くことで何かしらの判断をすることが目的でしょうか。

 そうですね。プレゼンターは自分の理想やイメージをアピールして、相手がその理想に共感または同意し、自分が希望する行動をとってくれるようにプレゼンテーションをします。入試では、**リスナーである面接官に対して「自分の合格」を促すようにプレゼンテーションをする**必要があるんですよ。

 ということは、ただの発表ではいけませんね。何か効果的な方法というか、コツのようなものはあるんですか？

リスナーの立場に立ちながら、リスナーが知りたい情報を伝えていくことです。話の内容を正しく理解してもらうために、わかりやすい言葉で相手がストレスなく聞ける話し方を心がけ、相手が納得できる論理を提示することが大事ですね。相手の心を動かすような、つまり自分に注目してもらえるようなポイントを作り、好印象を持ってもらえるように心がけましょう。

プレゼン用の
まとめ方って？

志望理由をプレゼンテーションしよう

 志望理由をプレゼンテーションする場合、第2章で学んだ志望理由書の構成をそのまま使ってはいけないんでしょうか？ 「将来の夢・目標」「きっかけ」「課題分析・解決手段」「キャリア」「大学での学び」の順で、伝わりやすくまとめられたと思うのですが。

 志望理由書に合わせて話すのは簡単ですが、志望理由書の構成をそのまま使うのであれば、大学側は志望理由書を読むだけでよく、プレゼンテーションは必要ないですよね。プレゼンテーションが求められる理由を考えなくてはいけません。文章で伝えるまとめ方とは別に、**話して伝えるときのまとめ方**を考えて、説得力のあるプレゼンテーションができるようにしましょう。まとめ方の例として PREP 法を紹介します。

PREP法

1. **Point**　　　結論・主張…………はじめに結論を述べる。
2. **Reason**　　理由………………1の理由を説明する。
3. **Example**　事例・具体例………2の裏付けとなる具体例を紹介する。
4. **Point**　　　結論・主張…………最後に再び結論を述べる。

 1の「結論・主張」で「大学での学び」を短くまとめて一度述べておくと、**2**の「理由」が伝えやすくなりそうですね。「大学でこのようなことが学びたい、だからこの大学に入りたい」と伝えるのがよさそうです。

 「理由」の部分では「将来の夢・目標」を述べるといいでしょう。**3**の「事例・具体例」としては、「きっかけ」や「課題分析・解決手段」をまとめましょう。また、「キャリア」や「大学での学び」の具体的な話もまとめて伝えられるといいですね。大学で受けられる授業や取得できる資格などは、なぜその大学に入学したいかという理由を具体的に説明してくれます。

 最後に**4**でもう一度、大学に入ってどのようなことを学びたいかをまとめると、PREP 法の形になりますね。

 最後に結論を繰り返すときには、「この大学で学びたい」という熱意をもう一度自分の言葉で伝えるのも忘れないようにしましょう。

事前課題をプレゼンテーションしよう

 大学によっては、志望理由のプレゼンテーションではなく、事前に与えられた課題の成果をプレゼンテーションをさせるところもありますよ。

 事前に発表するテーマがわかっていたら、プレゼンテーションしやすいですね。

 そうとも限りませんよ。テーマは受験生全員に与えられているわけですからね。どれくらい積極的にその課題に取り組んだか、大学で学ぶ力をきちんと持っているかを、他の受験生と比べられるんですよ。

 確かにそうですね。自分が大学にとって魅力的な人材であると判断してもらうには、他の受験生との差別化も図らなくてはいけないですね。より一層、事前準備が重要になりそうです。

 準備をする前に、どのような条件でプレゼンテーションをするのかを必ず確認しておきましょう。パワーポイントなどで作成して、パソコンを使ってプレゼンテーションをするのか、面接官に配布する資料を作成する必要があるのかなどは、事前に確認しておくべきです。条件をきちんと確認したら、発表されたテーマについてまとめていきましょう。

 はい、ちゃんと確認します。この場合も PREP 法が使えるのでしょうか？

 そうですね。「結論・主張」→「理由」→「事例・具体例」→「結論・主張」の順番でまとめると、伝わりやすいプレゼンテーションになります。

 わかりました。他に注意する点などはありますか？

 これはプレゼンテーション全般について言えることですが、一方的に話すだけなら、動画でもいいわけですよね。聞き手はうなずいたり首をかしげたり何かしらの反応をしているはずですから、アイコンタクトや表情、身ぶりなどのボディランゲージでコミュニケーションがとれるようなプレゼンテーションを目指しましょう。**自分が話していることが相手にちゃんと伝わっているかを考えながら話しましょう。**

う～ん……

圧迫面接ってあるの？

入試でも圧迫面接ってあるのでしょうか。就職活動で圧迫面接を受けたという話をよく聞くので、大学の面接試験やプレゼンテーションでも、試験官からプレッシャーをかけられたらと思うと心配になります。

面接官があえてプレッシャーを与えることはほとんどありません。しかし、面接官がそう思っていなくても、**受験生が圧迫面接だと感じるケースはある**と思います。例えば、自分がどのような質問にプレッシャーを感じるかを考えてみてください。

威圧的な態度で質問されたり、同じ質問を繰り返されたりするとプレッシャーを感じると思います。あとは、自分の考え方を否定するような質問をされたという先輩の話を聞いたことがあるので、それも圧迫面接なのかな……と思ってしまいます。

面接試験のときには、受験生はどうしても緊張してしまいます。そんな状態で、大学の先生という目上の人と話をすることになるので、威圧されていると感じてしまうのかもしれませんね。

自分が勝手に圧迫されていると感じてしまうこともあるんですね。同じ質問を繰り返された場合はどうでしょうか？

質問に対して、答えてほしいことを受験生が答えてくれない場合、なんとか答えを言ってもらおうという意図で繰り返しているのかもしれません。その場合、自分の答えがズレているかもしれないと考え、落ち着いてもう一度答えを考え直してみましょう。もう一度チャンスをくれたとポジティブに考えるといいですね。否定的な質問についても、もっと深く考えてほしいという試験官の意図がある場合がほとんどです。質問の意図を汲み取って、答えを考えるといいでしょう。

わかりました。とにかく落ち着いて、ちゃんと考えるようにします。

グループディスカッション対策

いよいよ面接試験対策も大詰めです。最後に、グループディスカッションが課される場合の対策を学びましょう。

いろんなパターンがあるんだね

グループディスカッションって何？

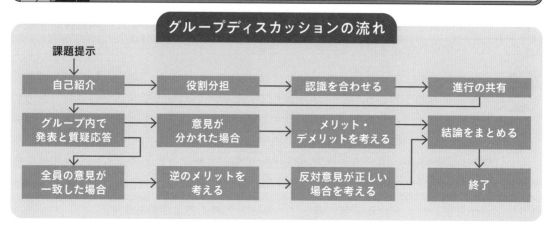

グループディスカッションの流れ

課題提示

自己紹介 → 役割分担 → 認識を合わせる → 進行の共有

グループ内で発表と質疑応答 → 意見が分かれた場合 → メリット・デメリットを考える → 結論をまとめる

全員の意見が一致した場合 → 逆のメリットを考える → 反対意見が正しい場合を考える → 終了

推薦入試では、面接試験にグループディスカッションを課す大学もあります。まずは上の図で、グループディスカッションの流れを把握しておきましょう。賛成・反対どちらかの立場に立って議論する「二者択一型」、与えられた課題を読んで議論する「課題文型」、与えられた課題に対して解決策を考える「解決策提示型」などがあります。

図の中にある「認識を合わせる」とは、どういう意味でしょうか？

与えられるお題やテーマは抽象的なことも多く、受験生によって捉え方が異なることもあります。これから議論するうえで、認識違いによるミスを防ぐためにも、まずはグループの中でお題の捉え方を統一する必要があります。例えば、「地球温暖化に対する取り組みとして、私たちができることは何か」というお題が出た場合、私たちというのは日本人を表すのか、志望校の学生として考えるのかなど、認識を合わせる必要があります。お題で条件が定義されてない場合、グループの同意が取れれば勝手に定めてしまって問題ありません。

まずは考えをまとめる方向性を定めるんですね。こういう場合は、自分の意見を主張し続けたほうがいいのでしょうか？

自分の主張だけを押し通してはいけません。グループディスカッションというのは、**グループでよい答え、よい意見を出すことが目的**ですからね。根拠をはっきりさせて意見を述べ、**チームとしての意見や答えをまとめていかなくてはならない**んです。

ナルホド

ディベートとの違いを確認しよう

学校でディベートをしたことがあるんですが、ディスカッションとは違うものなのでしょうか？

その2つを混同すると、建設的な議論ができませんよ。違いを確認しておきましょう。

グループディスカッション	ディベート
● 敵がいない＝みんな味方 ● 勝敗はない ● みんなでよい答えを出す ● 肯定・否定が争点ではない	● チーム以外は敵 ● 勝敗がある ● 自分たちの正しさを認めさせる ● 肯定側・否定側が決められる

グループディスカッションでは、グループ全員が仲間なんですか？

仲間だからこそ、自分の意見をかたくなに主張して、**仲間を論破しても意味がない**んです。もちろん、自分の意見を言うことは大事です。他人任せであったり、自分の意見を言わず、人の意見に合わせたりしているだけではいけません。しかし、グループディスカッションの目的は、与えられた課題に対してみんなでよい答えを出すことなので、仲間を言い負かして押し切るようなことは避けましょう。

よくわかりました。ところで、グループディスカッションではどのような点が評価されるのでしょうか？

「協力して答えを出すことができているか」「論理的に検討できているか（実現可能性があるか）」「チームで動くことができているか」「建設的な話ができているか」「時間内に結論を出せるか」「全員の意見をうまくまとめているか」などが評価されます。

グループディスカッションの注意点って？

 グループディスカッションでやってはいけないことは、「論破をしてはいけない」ということだけですか？

 「論破」以外にも、下記のようなことは避けたほうがいいでしょう。

独りよがりの発表会	人に任せっぱなし	場を乱すブレーカー
自分が中心ですべての話題に介入する	自分のことはどうでもいいやという態度を見せる	否定だけして結論にたどり着かないようにする

一生懸命な独演	乗っかり屋さん	すべてを計画通りに
一生懸命に自分の意見を延々と説明し続ける	人の意見にただひたすら同調する	すべて決めた通りに進めたい、少しでも進行が遅れると嫌な顔をする

 これらはすべて NG 行動です。グループで答えを出そうとしている以上、自分も議論に加わる必要がありますし、ある程度流れができてきているのに、流れをさえぎって反論ばかりしていてもいけません。

 わかりました。自分の意見を言うのにも注意が必要なんですね。

 グループディスカッションは時間が決められています。「一生懸命な独演」は、一生懸命だからこそ周りも止めにくいのですが、これをやってしまうと他の受験生の発言機会を奪ってしまいますし、結論を出すための議論もできなくなってしまいます。これでは、「協調性がない」「建設的な話ができない」と判断されてしまいます。

 なるほど。肝に銘じておきます。

 意見が思いついたからといって、流れから外れたり、なんでもかんでも意見を言ってしまったりしてはいけません。合格のためにチームで一致団結して、よい議論を目指してください。

課題文型を例に考え方を学ぼう

 ここで、実際に課題文型のグループディスカッションで出題された例を見てみましょう。

課題文例）

> 海外の日本食レストランには、日本にいる人からすると「日本食」と思えないような料理を出すところがある。2006年、農林水産大臣であった松岡氏はこれを危惧し、海外に正しい日本食を普及させようと、「正しい日本食」制度を提唱した。これは、海外にある日本食レストランに対し、「このレストランは正しい日本食を出している」という日本政府のお墨付きを与える制度である。ところが海外からは「日本政府の判断の押しつけではないか」「すしポリスだ！」との批判を受けた。

 この課題文に対して、「海外で日本食を広めるために正しい日本食制度は必要だと思うか」という議論が求められました。最初に課題文が配られるのですが、気をつけなければならないことは何だと思いますか？

 文章を読む時間も、グループディスカッションの時間に入りますか？　入るなら、グループ内の人が同じスピードで読むとは限らないので、読む時間に注意が必要だと思います。

 その通りです。**課題文型は特に時間管理をしっかりする必要がある**のです。また、課題文を通して全員に同じ情報が与えられますが、どのように解釈したのかは、人それぞれ違うこともあるでしょう。ですから、読み終えたところで解釈の仕方、議論の目的などをきちんとすり合わせて話し合いを進めていかないと、話し合いの方向性が定まらず、時間をロスしてしまいます。

 つまり、日本食認定制度についてみんながきちんと理解して、どのように解釈したかを確認し、正しい日本食制度は必要か不必要かについて議論しなければならないということですね。

 正解です。「認識を合わせる」段階や「進行の共有」の段階で、共通認識を持っておくことが重要になってきます。

> **point**
>
> ▶ グループディスカッションには、二者択一型、課題文型、解決策提示型などがある。
> ▶ グループディスカッションの目的は、グループでよい答え、よい意見を出すこと。
> ▶ 論破などの NG 行動は避け、建設的な議論を目指す。
> ▶ 課題文型では、しっかり時間管理をする。

書きこむだけ!
そのまま使える志望理由書・面接ノート

2023年8月1日　第1刷発行

監　　　修	総合型選抜専門塾AOI
発 行 人	土屋　徹
編 集 人	代田雪絵
編 集 長	清水雄輔

発 行 所	株式会社Gakken
	〒141-8416　東京都品川区西五反田2-11-8
イ ラ ス ト	ユア
デ ザ イ ン	TYPEFACE
データ作成	TYPEFACE
印 刷 所	株式会社リーブルテック
執 筆 協 力	エデュ・プラニング合同会社
編 集 協 力	相澤尋、秋下幸恵

【この本に関する各種お問い合わせ先】
- 本の内容については、下記サイトのお問い合わせフォームよりお願いします。
  https://www.corp-gakken.co.jp/contact/
- 在庫については　Tel 03-6431-1199(販売部)
- 不良品(落丁、乱丁)については　Tel 0570-000577
  学研業務センター　〒354-0045　埼玉県入間郡三芳町上富279-1
- 上記以外のお問い合わせ　Tel 0570-056-710(学研グループ総合案内)

学研グループの書籍・雑誌についての新刊情報・詳細情報は、下記をご覧ください。
学研出版サイト　https://hon.gakken.jp/